Roupas inteligentes
COMBINANDO MODA E TECNOLOGIA

ADMINISTRAÇÃO REGIONAL DO SENAC NO ESTADO DE SÃO PAULO
Presidente do Conselho Regional: Abram Szajman
Diretor do Departamento Regional: Luiz Francisco de A. Salgado
Superintendente Universitário e de Desenvolvimento: Luiz Carlos Dourado

EDITORA SENAC SÃO PAULO
Conselho Editorial: Luiz Francisco de A. Salgado
Luiz Carlos Dourado
Darcio Sayad Maia
Lucila Mara Sbrana Sciotti
Jeane Passos de Souza

Gerente/Publisher: Jeane Passos de Souza (jpassos@sp.senac.br)
Coordenação Editorial/Prospecção: Luís Américo Tousi Botelho (luis.tbotelho@sp.senac.br)
Márcia Cavalheiro R. de Almeida (mcavalhe@sp.senac.br)
Administrativo: João Almeida Santos (joao.santos@sp.senac.br)
Comercial: Marcos Telmo da Costa (mtcosta@sp.senac.br)

Edição e Preparação de Texto: Heloisa Hernandez
Coordenação de Revisão de Texto: Luiza Elena Luchini
Revisão de Texto: Albertina Pereira Leite Piva
Projeto Gráfico e Editoração Eletrônica: Veridiana Freitas
Capa: Veridiana Freitas
Foto de capa: Nadi X calças de ioga inteligentes, de Wearable X
Impressão e Acabamento: Gráfica CS

Proibida a reprodução sem autorização expressa.
Todos os direitos desta edição reservados à
Editora Senac São Paulo
Rua 24 de Maio, 208 – 3º andar – Centro – CEP 01041-000
Caixa Postal 1120 – CEP 01032-970 – São Paulo – SP
Tel. (11) 2187-4450 – Fax (11) 2187-4486
E-mail: editora@sp.senac.br
Homepage: http://www.livrariasenac.com.br

© Editora Senac São Paulo, 2020

Dados Internacionais de Catalogação na Publicação (CIP)
(Jeane Passos de Souza – CRB 8ª/6189)

O'Nascimento, Ricardo
 Roupas inteligentes : combinando moda e tecnologia / Ricardo O'Nascimento. - São Paulo : Editora Senac São Paulo, 2020.

Bibliografia.
ISBN 978-85-396-3170-4 (Impresso/2020)
e-ISBN 978-85-396-3171-1 (ePub/2020)
e-ISBN 978-85-396-3172-8 (PDF/2020)

1. Moda e tecnologia 2. Moda - Inovações tecnológicas 3. Tecnologia vestível 3. Tecnologia - Projetos vestíveis 4. Vestuário tecnológico 5. Roupas inteligentes I. Título.

CDD – 646.43
646.47
20-1093t BISAC DES014000

Índice para catálogo sistemático:
1. Moda e tecnologia : Roupas inteligentes 646.43
2. Moda e tecnologia : Vestuário tecnológico 646.47

Roupas inteligentes
COMBINANDO MODA E TECNOLOGIA

Ricardo O'Nascimento

Editora Senac São Paulo – São Paulo – 2020

NOTA DO EDITOR		6
APRESENTAÇÃO — ALEXANDRA FARAH		8
INTRODUÇÃO		10

PARTE I – DEFINIÇÕES, TECNOLOGIAS E USOS — 15

1. O QUE É WEARABLE TECHNOLOGY? — 16
- 1.1. Multidisciplinaridade — 20
- 1.2. Sustentabilidade e saúde — 20
- 1.3. Sobre o vestir — 21

2. USOS E APLICAÇÕES — 22
- 2.1. Saúde e bem-estar — 23
- 2.2. Esporte — 31
- 2.3. Artes — 33
- 2.4. Indústria — 44
- 2.5. Moda — 46

PARTE II – MATERIAIS — 55

3. MATERIAIS PARA TECNOLOGIA VESTÍVEL — 56
- 3.1. Materiais condutivos — 57
- 3.2. Materiais luminosos — 61
- 3.3. Materiais cromáticos — 64
- 3.4. Materiais biológicos — 65
- TUTORIAL: BIOPLÁSTICO À BASE DE GELATINA — 67

PARTE III – COMO DESENVOLVER UM PROJETO VESTÍVEL — 71

4. CIRCUITOS ELETRÔNICOS — 72
- TUTORIAL: LED THROWIES — 75
- 4.1. Lei de Ohm — 76
- 4.2. Resistores — 77
- 4.3. Como usar um multímetro — 79
- 4.4. Montagem de circuito — 81
- TUTORIAL: BORDADO ELETRÔNICO — 83
- 4.5. Interruptores – interação básica — 84
- TUTORIAL: LUVA PARA BIKE — 85
- TUTORIAL: COLAR COM LEDS — 86

5. PLACAS MICROCONTROLADAS — 88
- 5.1. Arduino — 88
- 5.2. Arduino Lilypad — 91
- 5.3. Flora — 92
- 5.4. Como programar? — 92
- 5.5. IDE do Arduino — 95

6. SENSORES — 98
- 6.1. Tipos de sensores — 99
- 6.2. Como usar um sensor — 108
- TUTORIAL: SENSOR DE LUMINOSIDADE — 109
- TUTORIAL: BOLSA COM SENSOR DE LUMINOSIDADE — 113

SUMÁRIO

7. ATUADORES		**114**
7.1. Luz		114
TUTORIAL: CAMISA COM LEDS QUE PISCAM		116
7.2. Som		116
TUTORIAL: CHAPÉU COM SOM		118
7.3. Movimento		118
7.4. Calor e frio		123
TUTORIAL: MÁSCARA COM MOTOR		123
8. VESTÍVEIS E INTERNET DAS COISAS (IOT)		**124**
8.1. Bluetooth		125
8.2. XBee		126
8.3. ESP 8266		127
8.4. Projetos relacionados		127
TUTORIAL: CHAPÉU COM SOM CONTROLADO VIA BLUETOOTH		131
9. PILHAS, BATERIAS E OUTRAS MANEIRAS DE ALIMENTAR PROJETOS VESTÍVEIS		**132**
9.1. Pilhas alcalinas & Ni-MH packs		134
9.2. Baterias lítio-íon recarregáveis		134
9.3. Power bank		135
9.4. Pilhas moeda		136
9.5. Energia solar		136
9.6. Outras formas de gerar eletricidade		137
9.7. Conexão em série × conexão em paralelo		137

10. FERRAMENTAS DIGITAIS PARA VESTÍVEIS		**138**
10.1. Programas 2D		138
10.2. Programas 3D		139
10.3. Digitalizando corpos		141
10.4. Programas de desenho de padrões e simulação 3D		143
10.5. Desenho paramétrico		144
11. TECHNOCRAFT: FABRICAÇÃO ANALÓGICA E DIGITAL PARA VESTÍVEIS		**146**
11.1. Impressão 3D		147
11.2. Corte a laser		158
TUTORIAL: BORDADO SENSÍVEL AO TOQUE		159
11.3. Soft robotics		160
TUTORIAL: GOLA QUE INFLA		160
11.4. Beauty technology		161
11.5. Circuitos flexíveis		162
TUTORIAL: TATUAGEM ELETRÔNICA		163
11.6. Realidade aumentada		175
12. FASHIONTECH CANVAS MODEL: COMO PLANEJAR UM PROJETO VESTÍVEL?		**176**
12.1. Definição do problema		176
12.2. Foco no usuário		177
12.3. Deixe a mente correr solta		178
12.4. Parede de desejos de Kobakant		179
12.5. Prototipagem		180
12.6. Outras considerações		180
PARTE IV – MATERIAIS E REFERÊNCIAS		**181**
Glossário		182
Ferramentas básicas		188
Referências		190
Índice		196

NOTA DO EDITOR

Um dos pioneiros em tecnologia vestível no Brasil, o artista e pesquisador Ricardo O'Nascimento compartilha, nesta publicação, muito do que tem estudado e visto em termos de inovações e experimentações no mundo todo, com os mais diferentes usos.

Os principais conceitos e projetos relacionados ao tema são abordados de forma didática, com o intuito de oferecer fácil compreensão ao leitor, para que ele não só entenda a lógica do trinômio sensor-processador-atuador, mas também tenha ferramentas e inspiração para criar seus próprios projetos.

Este lançamento do Senac São Paulo tem por objetivo disseminar conhecimento e incentivar o contínuo desenvolvimento de ideias e suas aplicações, em uma sociedade na qual a tecnologia e suas funcionalidades se fazem cada vez mais presentes em nosso cotidiano.

APRESENTAÇÃO

BORDADO DE LUZ

No mundo da tecnologia vestível, quase tudo é possível. Basta ter uma ideia, uma mesa equipada, alguns amigos para trocar informação e pow!, você está dentro, criando o que antes não existia. É um mundo fascinante, artesanal-futurístico, para o qual este livro fornece não apenas o ingresso para entrar, mas todas as fichas para brilhar. Ricardo é o melhor guia para quem está motivado pelo desejo de melhorar a qualidade e a beleza do guarda-roupa, adotando a tecnologia moderna — e este livro é o retrato de seu trabalho pioneiro de mais de dez anos na tecnologia vestível. Referência mundial no assunto, brasileiro radicado na Europa, Ricardo é um pesquisador curioso e um educador apaixonado. Sou fã desde quando descobri que existia algo muito diferente da moda tradicional gigante, estratificada, despersonalizada e cada vez mais descartável. A revolução da tecnologia que tem o corpo como suporte e as roupas e os acessórios como veículo nasce — Ricardo me ajudou a entender isso — customizada, detalhada, retrabalhada e conectada com o que há de mais novo. É feita, claro, como todas as roupas, com linha e agulha, mas inclui na receita mãos habilidosas e altas doses de sensores, condutores, luzes e ferramentas incríveis, que nos ligam e nos sintonizam com o mundo a nosso redor. Em um momento em que tudo está cada dia mais inteligente e conectado, a wearable tech é pensada para vestir o ser humano da era digital. Você e eu. Somos todos ciborgues, com o celular sendo a extensão de nossa mão.

Queremos mais e, se depender deste livro, vamos ter: a expansão da tecnologia vestível começou a acontecer nos últimos quarenta anos, por conta da miniaturização dos eletrônicos e pelo avanço das pesquisas científicas sobre novos materiais, e agora ganha este guia. Ricardo domina o assunto que também é o campo de estudo do festival anual WeAr Brasil, criado em 2015, do qual sou fundadora — e do qual Ricardo é consultor, palestrante e facilitador de oficinas deliciosas e sempre lotadas. Minha favorita tem o nome poético de "Bordado de luz", porque, mesmo sendo matemático e tecnólogico, tudo o que Ricardo faz é feito com poesia e leveza.

Aproveitem a leitura e soltem a imaginação!

Alexandra Farah
Jornalista e fundadora do festival WeAr Brasil

INTRODUÇÃO

Interagimos com tudo o que está à nossa volta por meio de nossos corpos. Nossos sentidos são usados para experimentar o mundo. Assim, a ideia de expandirmos o nosso corpo com novos sentidos e possibilidades físicas parece ser bem atraente. E é isso justamente o que a tecnologia vestível pode proporcionar.

A tecnologia vestível é um tipo de abordagem da computação na qual as inovações tecnológicas são dispostas ao redor do corpo. Essa proximidade com o corpo permite colocar sensores e atuadores em uma vestimenta, que passa a ter uma função extra.

Imagine uma jaqueta que pode, além de desempenhar funções como peça de roupa, alertar quem a estiver vestindo sobre sua postura e ainda dar conselhos para melhorá-la.

A tecnologia vestível, portanto, proporciona a criação de sistemas interativos ao redor do corpo que têm o potencial de mediar nossa interação com o meio ambiente e proporcionar novas possibilidades de percepção. As roupas estão começando a se comunicar com o que está à nossa volta e a alimentar processos interativos entre seres humanos, máquinas e meio ambiente.

Além da funcionalidade, é necessário que a peça seja também esteticamente atrativa. Sabine Seymour, uma das pioneiras na área, cunhou o termo "fashionable technology" justamente para se referir a uma filosofia de desenho de moda baseada na ideia de que as roupas são a interface imediata do nosso corpo com o meio ambiente, sendo o meio constante de transmissão de emoções, experiências e significado (SEYMOUR, 2008). Essa ideia de moda como meio de expressão torna-se ainda mais poderosa quando aliada à tecnologia.

Os wearables são considerados uma revolução na computação e, por ser esse um campo relativamente novo, há muito espaço para investigação e experimentação. Novas tecnologias surgem quase que semanalmente, e novas possibilidades se abrem para serem exploradas.

Neste livro você vai encontrar um pouco sobre o que são os wearables, um pouco de sua história, materiais e técnicas ilustrados por projetos de artistas, cientistas e designers. Além de uma avaliação crítica dos últimos desenvolvimentos da área, este livro fornece ferramentas e conhecimento para que você seja capaz de planejar, desenvolver e executar um projeto que envolva tecnologia vestível.

O conteúdo é baseado nos cursos e nas oficinas que eu venho facilitando nos últimos dez anos em diversas escolas e universidades ao redor do mundo. O livro explica processos, materiais e técnicas utilizadas em um projeto de vestimenta interativa. Alguns assuntos ou técnicas abordados vêm acompanhados de um tutorial passo a passo, com o qual você pode testar e comprovar as técnicas ensinadas. Tenho a honra de incluir alguns tutoriais e textos escritos por colegas pesquisadores brasileiros, convidados por seus trabalhos inovadores e inspiradores na área da tecnologia vestível.

Ao concluir todos os capítulos e tutoriais, você terá conhecimentos suficientes para desenvolver seu próprio projeto wearable e ferramentas para continuar investigando esse campo tão cheio de possibilidades.

COMO UTILIZAR ESTE LIVRO

O livro é dividido em quatro partes. Na primeira, abordaremos os conceitos, discursos teóricos e as diversas facetas que compõem a tecnologia vestível. Discutiremos o que significa ter componentes eletrônicos ao redor de nosso corpo e, principalmente, iremos questionar por que realmente precisamos desse tipo de tecnologia (e se precisamos, de fato). Nessa parte também serão mostrados os trabalhos de artistas e designers que estão consolidando o desenvolvimento da área em diferentes campos de atuação.

Na segunda parte, mostraremos quais são os materiais utilizados no desenvolvimento de produtos e protótipos de vestíveis. A terceira parte do livro é dedicada à eletrônica básica, explicando todos os componentes envolvidos em um circuito eletrônico, incluindo microcontroladores, sensores e atuadores. Nessa parte estão também as ferramentas e programas mais utilizados e um tutorial que aborda uma opção de material sustentável.

A quarta parte do livro é dedicada a explanar conceitos específicos e a apontar caminhos para aqueles que desejem se aprofundar ainda mais nesse universo.

Esta publicação pretende ser uma obra de consulta e referência, na qual o leitor poderá navegar pelos capítulos sem uma ordem preestabelecida.

Embora este não seja um livro técnico, muitas vezes temos de usar termos e conceitos que podem parecer difíceis para quem não está acostumado com números, ciência e engenharia. No entanto, aos poucos, você irá se familiarizar com os termos. No final do livro, você deve ser capaz de conceituar, planejar e executar um projeto de tecnologia vestível.

DO QUE VOCÊ VAI PRECISAR?

Para desenvolver os tutoriais, no decorrer do livro você vai precisar comprar alguns componentes, que são facilmente encontrados em lojas de componentes eletrônicos. Se na sua cidade não existe uma loja física, você pode acessar alguns dos websites sugeridos no final do livro e encomendar on-line os produtos. Também é importante comprar um bom multímetro, alguns metros de linha condutiva e algumas ferramentas básicas de costura e eletrônica. Cada tutorial vem acompanhado de uma lista de material necessário para sua execução, e na parte IV há uma lista de ferramentas básicas para montar o seu estúdio de tecnologia vestível. É importante ter uma mesa bem iluminada e conexão com a internet para baixar os programas necessários. Também é preciso ter algum tipo de placa microcontrolada. No capítulo 5, mostramos algumas opções. Qualquer uma delas é válida. Nos tutoriais, utilizamos o kit de prototipagem Nana, mas é perfeitamente possível que você mesmo faça os sensores e as conexões. O mais importante é ter vontade de aprender e curiosidade para explorar. O campo da tecnologia vestível ainda é muito novo e cheio de possibilidades.

Definições, tecnologias e usos

PARTE I

O QUE É WEARABLE TECHNOLOGY?

Wearable technology ou tecnologia vestível é uma abordagem que situa a tecnologia ao redor do corpo e possibilita dispor sensores e atuadores bem próximo a ele. A tecnologia vestível descreve um tipo de roupa que funciona em um novo nível – o nível eletrônico.

Capaz de processar informação no corpo em movimento, esse campo remonta a pesquisas computacionais dos anos 1960, porém ganhou força com a miniaturização de componentes eletrônicos, nas décadas de 1980 e 1990.

Os óculos são um dos primeiros dispositivos vestíveis de que temos notícias, registrados em 1268 (RHODES, *ca.* 2000). No entanto, o primeiro sistema computacional vestível, envolvendo um sistema de processamento de dados eletrônico, foi desenvolvido somente no final da década de 1960, com o sapato criado por Ed Thorp e Claude Shannon. Eles criaram um computador mais ou menos do tamanho de um maço de cigarros, que foi embutido em um sapato. Esse sistema, que usava frequências de rádio, foi usado secretamente em um cassino de Las Vegas e realizava uma única operação (THORP, 1969).

Steve Mann (1998), um dos pioneiros em tecnologia vestível, define-a como um computador que está confinado ao espaço pessoal do usuário, é controlado por ele e está sempre ligado e acessível. Por meio dele, o usuário pode inserir comandos que serão executados pelo sistema, sem que seja necessária uma atenção especial do usuário.

O computador como uma peça vestível trouxe novas possibilidades sobre como interagimos com o mundo digital, com o mundo real e com outras pessoas. As roupas estão começando a se comunicar com o que está à nossa volta e a alimentar processos interativos entre seres humanos e o meio ambiente. Aparelhos eletrônicos são adaptados para serem usados como joias ou acessórios. Computadores estão sendo completamente integrados em tecidos que são parte de uma rede ao redor do corpo, permitindo surfar na internet, monitorar sinais vitais, como batimento cardíaco e temperatura do corpo, e até mesmo administrar medicamentos através da pele.

Com a recente miniaturização dos eletrônicos e com o desenvolvimento de tecnologia de sensores, esse tipo de computação se tornou possível. Os computadores estão cada vez mais integrados a objetos cotidianos, como móveis ou roupas, e com maior capacidade de comunicação com humanos e com o meio ambiente, imitando processos naturais, como o toque, a fala e a visão.

As roupas não são somente úteis para nos proteger do tempo ou como meio de expressão. Elas interagem com o meio ambiente e com quem as está vestindo, e também reagem de acordo com estímulos externos. As roupas estão se transformando em um meio importante para dar cor e movimento aos nossos sentimentos e humor. Elas estão se tornando inteligentes.

A palavra "inteligente" é utilizada aqui como referência a uma série de materiais e processos eletrônicos que reagem profundamente a estímulos externos, modificando suas propriedades, estruturas, composição ou função. São materiais inteligentes, como o shape memory alloy (SMA), os fluidos magnetorreológicos (FMR), os materiais piezoelétricos (PZT) e os polímeros eletroativos (EAPs), que se transformam quando expostos a eletricidade, calor, luz, pressão ou campos magnéticos. Tais condições provocam uma mudança no formato, cor, tamanho ou estrutura molecular do material — por exemplo, pode ocorrer uma mudança do material do estado sólido para o estado líquido. Esses materiais considerados inteligentes, quando combinados com sistemas de processamento de dados, criam sistemas reativos e interativos, que podem ser vestíveis ou estar embutidos em objetos do cotidiano.

O conceito no qual os computadores estão cada vez mais embutidos em objetos do dia a dia, como paredes, móveis e, claro, roupas, é chamado de "ubiquitous computing" ou, em tradução livre para o português, "computação ubíqua".

As tecnologias mais profundas são aquelas que passam despercebidas. Elas se entrelaçam no tecido da vida cotidiana até se tornarem indistinguíveis dela.
(WEISER, 1991 — TRADUÇÃO LIVRE DO AUTOR)

O termo "computação ubíqua" foi criado por Mark Weiser, em 1988. Na época, Weiser era diretor do Laboratório de Computação Científica da Xerox PARC (Palo Alto Research Center), um centro de pesquisas fundamental no desenvolvimento da disciplina Human Computer Interaction (HCI). De acordo com seu conceito, uma pessoa poderia interagir com centenas de computadores ao mesmo tempo, cada um embutido de maneira invisível e se comunicando remotamente entre eles (WEISER, 1991).

No final da década de 1990, a IBM cunhou o termo "pervasive computing", que é comumente utilizado como sinônimo de "ubiquitous computing". Também o MIT utiliza o termo "calm technology", para expressar um conceito similar. Contudo, o termo que melhor se identifica com a tecnologia vestível continua sendo "ubiquitous computing".

Bradley Queen também nos mostrou essa tendência quando disse que: "eletrônicos podem ser colocados quase em qualquer lugar, de maneira praticamente invisível. Assim, os sensores podem trocar informações dentro dos sistemas computacionais nos quais eles estão programados para detectar" (QUINN, 2002).

Para adicionar novas funcionalidades a um artigo vestível, é necessário o uso de componentes técnicos. A partir do capítulo 4, iremos abordar mais profundamente os elementos que envolvem a criação e o desenvolvimento de um projeto vestível.

Por hora, é importante saber que os principais componentes técnicos podem ser divididos em seis categorias (SEYMOUR, 2008):

- » interfaces (conectores, fios, antenas);
- » microprocessadores;
- » sensores;
- » software;
- » eletricidade (bateria, energia solar...);
- » materiais inteligentes (tecidos eletrônicos, microfibras...).

Os avanços tecnológicos têm possibilitado desenvolvimentos-chave na história dos vestíveis, e não somente a miniaturização dos anos 1980. Ryan explica que, por exemplo, o desenvolvimento da linha elástica nos anos 1930, como resultado de pesquisas em sintéticos, culminou com rápidas mudanças em roupas íntimas femininas e em outros tipos de roupas (RYAN, 2008).

Moda e tecnologia possuem uma relação bem próxima, e o desenvolvimento de um tem influenciado diretamente o desenvolvimento do outro. Para a tecnologia vestível, em termos de sistemas computadorizados, o tipo de interação desejado determina o tipo de sensores (input) e atuadores (output) utilizados.

Sensores que dependem de alguma ação do usuário (sensores ativos) usam tecnologia de detecção tátil e também *haptic feedback*, garantindo o uso intuitivo da roupa. Sensores que não dependem do usuário (sensores passivos) são normalmente sensores de dados biométricos coletados a partir do corpo ou dados coletados automaticamente via sistemas sem fio, ou acoplados à vestimenta (dados do ambiente).

Os atuadores (output) fazem com que a peça vestível tenha algum grau de expressividade. Existem diversas possibilidades de atuadores (veremos em detalhes no capítulo 7), que ativam os nossos cinco sentidos – tato, visão, audição, olfato e paladar.

Esses atuadores têm como função estimular os sentidos da pessoa que está vestindo ou das pessoas ao redor. Por exemplo, um vestido pode se mover a partir do uso de motores, de acordo com a presença de pessoas a seu redor. Ou, ainda, uma peça pode se iluminar quando o usuário receber uma mensagem pelo telefone celular. As possibilidades são gigantescas.

Quadro I – Exemplos de sensores (input) de acordo com a origem

Origem	Exemplos de sensores (input)
Pessoa	Pressão, torção, movimento, dados biométricos, som, umidade, proximidade, orientação, cheiro, aceleração
Ambiente	Luz, umidade, som, proximidade, temperatura, fumaça, micropartículas, estímulos visuais

FONTE: ADAPTADO DE SEYMOUR (2008).

Quadro II – Exemplos de atuadores (output) para os cinco sentidos

Sentidos	Exemplos de atuadores (output)
Visão	Leds, tintas termocrômicas, painéis EL, fios EL, displays
Audição	Alto-falantes, buzzers
Tato	Motor, shape memory alloys, linhas condutivas, tecidos condutivos
Olfato e paladar	Cápsulas de cheiro

FONTE: ADAPTADO DE SEYMOUR (2008).

1.1. MULTIDISCIPLINARIDADE

A tecnologia vestível abrange várias e diferentes áreas do conhecimento. Para se completar um projeto, é necessário um conhecimento prático ou teórico em disciplinas que são muito diferentes e, às vezes, sem uma conexão aparente.

Por exemplo, para o desenvolvimento de uma roupa inteligente, precisamos ter noções de desenho de moda (para desenhar os padrões, conforto, estética), antropologia (para determinar a função e o uso), computação (para programar o comportamento), engenharia elétrica (para desenhar os circuitos eletrônicos), sociologia (para colocar a peça em contexto), engenharia têxtil (para desenhar os sensores e tecidos especiais), etc.

Por conta dessa complexidade inerente, a tecnologia vestível tem se mostrado um campo no qual as colaborações são essenciais e desejáveis. Um outro aspecto é o crescimento da cultura maker, relacionada a uma série de comportamentos, técnicas e comunidades voltadas ao DIY (do it yourself) ou faça você mesmo. Essa comunidade, popular nos espaços makers e fab labs, é marcada pelo desejo de compartilhar informação e ajudar o outro.

O alinhamento da tecnologia vestível com a cultura do faça você mesmo possibilitou o aparecimento de uma nova habilidade, chamada "technocraft", que se refere à mistura de técnicas tradicionais de moda e manipulação de tecidos, como bordados e costura, unidos a novos materiais e técnicas de fabricação digital, como impressão 3D e corte a laser. Technocraft é essencial à tecnologia vestível, e discutiremos algumas técnicas no capítulo 11 deste livro.

1.2. SUSTENTABILIDADE E SAÚDE

A tecnologia vestível propõe a construção de circuitos eletrônicos ao redor do corpo e embutidos em tecidos. Os componentes eletrônicos e as baterias são compostos de materiais diferentes daqueles com os quais a moda está acostumada. Se estamos engatinhando na reciclagem de tecidos e eletrônicos, esse problema se potencializa com a combinação desses dois mundos. Ainda uma questão em aberto – e fundamental – é pensar sobre como os processos de reciclagem podem ser estruturados nesse novo contexto.

Um outro aspecto que gera preocupação é a questão da saúde. Com equipamentos eletrônicos tão próximos ao nosso corpo, transmitindo dados em frequências diversas, a tecnologia vestível pode ter algum efeito na saúde dos seus usuários. Embora alguns estudos tenham sido feitos, não houve conclusão unânime. Nesse ponto, permanece uma controvérsia entre cientistas.

Sustentabilidade é um tema necessário em qualquer indústria e não pode ser diferente em relação à moda. Essa importância é acentuada pelo fato de a indústria da moda ser a segunda mais poluente do mundo, ficando atrás somente da indústria do petróleo. Os maiores avanços estão sendo feitos na área de novos materiais biodegradáveis e processos de tratamento de tecido menos agressivos ao meio ambiente. No capítulo 3 abordaremos algumas dessas inovações, bem como aplicações que estão em fase de pesquisa e outras que já estão no mercado.

1.3.
SOBRE O VESTIR

Talvez um dos mais desafiadores aspectos no desenvolvimento de uma peça com tecnologia vestível seja criar para o corpo em movimento. Desenvolver um circuito eletrônico e uma interface que potencialmente pode se deformar traz necessariamente limitações em relação ao seu funcionamento e estética. Curtos-circuitos podem acontecer. O posicionamento incorreto de componentes rígidos pode trazer desconforto para o usuário. A tecnologia muitas vezes compromete o conforto na peça, seja na limitação de algum movimento, seja na fragilidade do circuito, que se rompe continuamente.

Muitos dos vestíveis que conhecemos hoje foram criados a partir da perspectiva da engenharia, cuja principal preocupação é o funcionamento, deixando a estética em segundo plano. No entanto, tem ficado cada vez mais claro que o futuro dos vestíveis depende de um equilíbrio entre forma e função. Para uma peça alcançar sucesso, não basta apenas ter um funcionamento consistente, é necessário que tenha uma estética que desperte o desejo das pessoas em usá-la. Um dos principais problemas do mercado de vestíveis é o baixo grau de aderência dos produtos. A grande maioria dos usuários abandona o vestível depois de um certo tempo. Criar meios para que o usuário se sinta emocionalmente ligado à peça e prolongue o seu uso é essencial para a popularização dos vestíveis. O capítulo 12 aborda técnicas e considerações para se desenvolver um projeto vestível inteligente.

A tecnologia vestível, justamente por estar em sua infância, ainda foi pouco explorada e tem um potencial latente enorme. A possibilidade de criação de uma camada tecnológica ao redor do corpo – e às vezes sobre o corpo e, até mesmo, dentro dele –, possibilita a aparição de novas interações, que estão revolucionando diversas áreas do conhecimento e da atuação humana.

Um sistema vestível é composto por três elementos principais: sensor, processador e atuador. O sensor é a parte que vai coletar dados – e eles podem ser de diversos tipos, dependendo do que se quer medir (ver capítulo 6). O processador é a parte que vai processar os dados vindos do sensor, dando um sentido a eles. Muitas vezes, essa etapa ocorre no smartphone ou por meio de um microcontrolador (ver capítulo 5). O atuador é a parte que vai visualizar o dado analisado de alguma forma, pode ser por meio de som, vibração, cor, etc. (ver capítulo 7).

Diferentes combinações desses elementos definem as funções do sistema interativo vestível. No capítulo anterior, vimos como o campo da tecnologia vestível é sobretudo multidisciplinar e envolve diferentes campos do conhecimento. Também vimos como a estética é tão importante quanto a funcionalidade: é a partir da aparência da peça vestível que o usuário deve ser informado sobre sua função e utilização. Para ilustrar esses conceitos, este capítulo é dividido por áreas de conhecimento, para as quais a tecnologia vestível traz novas possibilidades de produtos e interações. Apesar de os trabalhos estarem divididos nessas áreas principais, muitas vezes eles ocupam espaço em mais de uma área, e seu posicionamento é fluido. Outros exemplos vão aparecer no decorrer no livro, para ilustrar um material ou técnica específica.

sensor + processador + atuador = vestível

USOS E APLICAÇÕES

2.1.
SAÚDE E BEM-ESTAR

A tecnologia pode e deve ser utilizada para melhorar a qualidade de vida das pessoas. Assim, uma das áreas que está se beneficiando de inovações vestíveis é a de saúde e bem-estar. Temos visto diversos projetos de roupas e acessórios inteligentes que prometem monitorar nosso corpo e nos guiar em direção a uma vida mais saudável.

Para citar um exemplo de como a tecnologia vestível pode ajudar nossa saúde, proponho uma reflexão: nos dias de hoje, quando vamos ao médico, a consulta dura alguns minutos. No decorrer da consulta, descrevemos o que estamos sentindo, o médico examina o nosso corpo e faz alguns testes. Talvez ele peça alguns exames. O diagnóstico é então feito a partir dessas informações. No entanto, com a tecnologia vestível, o paciente pode ser monitorado constantemente, inclusive fora do consultório. Com a tecnologia de monitoramento ajustada ao nosso corpo, é possível ter um acompanhamento aprofundado do paciente durante suas atividades diárias comuns e de uma maneira não intrusiva. Esse é apenas um dos possíveis futuros cenários da medicina, em que a tecnologia vestível muda o relacionamento entre o médico e o paciente.

Com a possibilidade de incorporar sensores menos invasivos, a tecnologia vestível está sendo também empregada em dispositivos de análise de sono, para dar um outro exemplo de uso. Esses sistemas podem funcionar por meio de pulseiras ou de sensores flexíveis que são colocados no colchão ou roupa de cama para monitorar movimentos de respiração e ruídos durante a noite. Os sensores captam não somente os dados provenientes do corpo — respiração e movimentação — como também dados do meio ambiente — luz e ruído. Além de monitorar minuciosamente o sono, esse tipo de aparelho deve também sugerir como melhorar a qualidade do sono. Esse é um aspecto muito importante em vestíveis que trabalham com dados. Não basta apenas coletar dados, é preciso processar e dar algum sentido a essa quantidade de informações. Tecnologias como inteligência artificial e machine learning são alguns possíveis caminhos a serem tomados nessa direção.

A seguir, seleciono alguns projetos que apontam caminhos inovadores para a área. Alguns são produtos já disponíveis no mercado. Outros são conceitos que ainda estão em desenvolvimento. No entanto, todos partem da ideia principal de que a tecnologia pode nos ajudar a viver melhor e de maneira mais saudável, fornecendo dados para fazermos escolhas melhores e aprimorarmos nosso condicionamento físico e saúde em geral.

MOOD SWEATER (2010), DE SENSOREE

Além de funções bastante evidentes no campo da saúde e do esporte, a tecnologia vestível pode tomar formas e funções menos convencionais. Quando ficamos excitados, por exemplo, a nossa pele tende a ruborizar pelo aumento da circulação sanguínea no rosto. Essa é uma reação que pouco depende de nossa vontade. Seria possível criar fenômenos semelhantes por meio da tecnologia?

Sensoree, empresa norte-americana fundada pela pesquisadora Kristin Neidlinger, propõe-se a responder justamente essa questão. A empresa desenvolve vestíveis focados em traduzir estados fisiológicos em som, texturas e estímulos visuais. A exteriorização desses processos íntimos, a chamada "extimacy", tem o potencial de criar novos canais de comunicação e interações.

Um exemplo é o vestível mood sweater. A peça de roupa possui diversos sensores que detectam alguns dados biométricos do usuário. Esses dados são analisados por um algoritmo que controla e modifica a cor do colar. A cor, desta forma, pode ser considerada como uma visualização do estado de espírito da pessoa que está vestindo.

Figura 1.
Mood Sweater, de Sensoree.
Fotografia: Kristin Neidlinger.

NEUROTIQ (2014), DE SENSOREE

Neurotiq é uma peça para a cabeça que visualiza pensamentos e mostra os estados cerebrais em uma animação multicolorida. Ela é composta por uma estrutura tricotada com fibra óptica e impressão 3D e leva embutida a tecnologia de terapia biomédica desenvolvida pela empresa. A peça foi comissionada em 2014 para o "3D Print Show Conference", em Munique, na Alemanha. Foi utilizado como base o Emotiv Epoc — um leitor de EEG para a cabeça, que possui catorze sensores que detectam ondas cerebrais. Sensoree converteu os cinco estados que podem ser detectados em cinco cores diferentes: delta ou sono profundo é vermelho; theta ou meditação é laranja; alpha é verde; beta ou consciência é azul, e gamma, um estado multisensorial, é representado por azul, púrpura e vermelho.

Figura 2.
Neurotiq, de Sensoree.
Fotografia: Kristin Neidlinger.

NADI X CALÇAS DE IOGA INTELIGENTES (2017), DE WEARABLE X

Nadi X é uma coleção de roupas inteligentes para a prática de ioga, desenvolvida pela empresa nova-iorquina Wearable X. Introduzida no mercado em 2017, essa coleção é equipada com sensores e tecnologia háptica. O sistema interativo é capaz de identificar as diferentes posturas envolvidas na prática de ioga e proporciona ao usuário feedback em tempo real, por meio de suaves vibrações.

Os motores de vibração e acelerômetros e o módulo Bluetooth são alimentados por uma bateria e compõem o módulo chamado Pulse. O módulo Pulse é fixado atrás da parte superior da perna, em um lugar que não atrapalha a prática da ioga. A calça está conectada a um aplicativo para telefone celular que recomenda que você o coloque em cima do manto de ioga, use fones de ouvido sem fio e comece a experiência.

Atuando em conjunto com o Nadi X app (disponível na loja on-line), a frequência e a intensidade de cada vibração concentram-se em pontos focais de cada movimento, sendo indicado a todos que estejam dispostos a aprender e praticar ioga.

Figura 3.
Nadi X, de Wearable X.
Fotografia: Wearable X.

CARREGADOR DE CRIANÇA INTELIGENTE (2016), DE BABY MOON

Baby moon é um carregador de crianças inteligente, inspirado nos carregadores indianos.

Ele monitora o batimento cardíaco e temperatura e pode contribuir para um diagnóstico mais preciso sobre o desenvolvimento da criança. O acessório possui partes em tecido eletrônico para o sistema de sensores. Os eletrodos (sensores) estão embutidos no forro, justapostos às costas do bebê. O acessório permite que os pais mantenham os pequenos bem perto, ajudando a manter uma vida mais próxima do normal nessa fase de adaptação à paternidade, especialmente estressante para bebês prematuros. Segundo a criadora Geta Rasciuc, o Baby moon foi desenvolvido com a possibilidade de ir crescendo com a criança, até ela completar cerca de dois anos, e de fazer parte de um ecossistema maior, como os hospitais, proporcionando a gravação dos dados eletronicamente. O projeto está em fase de validação e tem previsão de atingir o mercado nos próximos três anos.

Figura 4.
Carregador de crianças inteligente.
Fotografia: Baby moon.

> Para a análise de dados biométricos, normalmente são utilizados os seguintes sensores: batimento cardíaco, pressão, temperatura, acelerômetro, movimento e condutividade da pele.

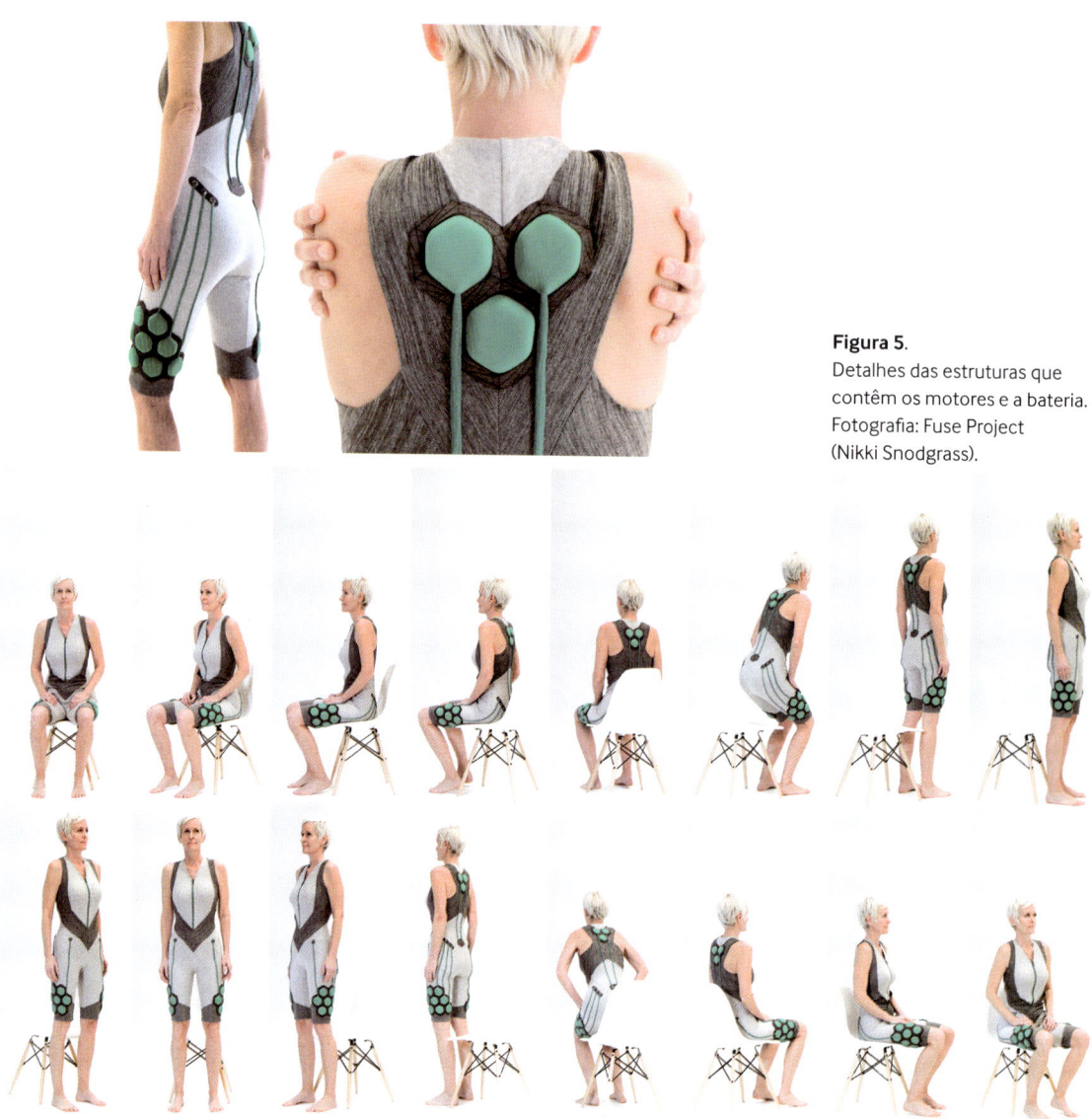

Figura 5.
Detalhes das estruturas que contêm os motores e a bateria.
Fotografia: Fuse Project (Nikki Snodgrass).

Figura 6.
Sequência de fotos ilustrativa dos movimentos envolvidos no processo de sentar e levantar.
Fotografia: Fuse Project (Nikki Snodgrass).

AURA SUIT (2017), DE FUSE PROJECT

Com o envelhecimento do corpo, os músculos vão ficando mais fracos, e algumas atividades diárias se tornam mais difíceis de serem realizadas. As casas de pessoas idosas podem ser adaptadas, facilitando a locomoção. No entanto, poucas soluções foram desenvolvidas para quando o usuário está fora de casa, em movimento. Aura Suit é uma roupa interior voltada ao público da terceira idade que tem como objetivo ajudar uma pessoa a se movimentar. O vestível é para ser usado fora de casa e ajuda o idoso a se relacionar física, social e emocionalmente com o mundo. O design dá suporte ao movimento natural do corpo e dá uma força extra em movimentos como sentar, levantar ou ficar de pé. A tecnologia é composta de sensores e motores que são colocados em módulos rígidos na superfície da peça. Esses módulos são removíveis, o que permite a lavagem da roupa e o carregamento das baterias.

Roupas inteligentes como essa têm o potencial de melhorar a qualidade de vida da população, que está envelhecendo cada vez mais no mundo inteiro. Yves Béhar, o designer responsável por reunir um time e desenvolver essa peça, diz que no futuro a intenção é utilizar a inteligência artificial na roupa para poder prever os movimentos do usuário e ajudá-lo a realizá-los antes mesmo que ele se dê conta. Esse conceito de movimentação assistida também está sendo aplicado em outras áreas, como no trabalho, para ajudar os trabalhadores que têm de realizar tarefas que demandam muito do corpo, e também na reabilitação de pacientes com traumas musculares e cerebrais.

FUTURE FLORA (2016), DE GIULIA TOMASELLO

Future Flora é o projeto de um kit DIY voltado à saúde íntima da mulher. No kit, vem uma espécie de absorvente feito de uma gelatina com base em ágar-ágar, que ajuda a balancear a flora vaginal e combater infecções, como a candidíase vaginal.

Nesse absorvente está presente um lactobacilo que atua como um antibiótico natural e permite o crescimento de uma bactéria saudável que reconstrói a flora vaginal, balanceando o pH natural da vagina.

O kit vem com um prato Petri, que contém a bactéria congelada. A usuária deve coletar esse material, aplicar no absorvente e usá-lo.

Esse projeto foi premiado pelo prestigioso STARTS Prize, que promove trabalhos excepcionais na intersecção entre ciência, arte e tecnologia, e faz parte da exposiçãso permanente da coleção de design do Museu de Artes Aplicadas MAK em Vienna, Áustria.

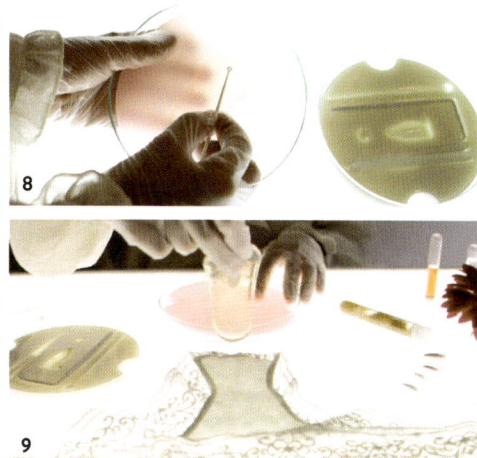

2.2.
ESPORTE

No esporte profissional e amador, o uso de tecnologia vestível está focado em melhorar a performance. Um pequeno avanço pode significar o primeiro lugar em uma competição, no caso do atleta profissional, e o constante monitoramento da atividade pode evitar uma contusão, no caso de um atleta amador. De olho nesse mercado sedento por inovação, diversas empresas desenvolvem aplicações e produtos que podem ser considerados vestíveis.

Talvez o mais popular dos vestíveis sejam as pulseiras inteligentes. Esses aparelhos medem o batimento cardíaco, a distância percorrida e as calorias queimadas durante um treino. A Nike foi uma das empresas pioneiras nesse mercado, com a pulseira Nike+ Fuelband, que foi lançada no mercado em 2012. Com a icônica esportista Serena Williams usando a pulseira nos campos, a Fuelband popularizou o acessório. A Nike+ Fuelband possibilitou monitorar movimentos e passos em diversas atividades esportivas, como corrida ou ciclismo.

Outros exemplos de aparelhos com tecnologia e função similares são o Jawlbone e Misfit.

Mais tarde, o lançamento do Apple Watch em 2015 ofereceu sensor de batimento cardíaco, ocupando um grande espaço do mercado. A Fuelband da Nike foi descontinuada, e logo depois Jawlbone pediu falência. Misfit continua no mercado até o presente momento e, além de fitness trackers, desenvolve relógios inteligentes. O mercado de relógios inteligentes tem crescido bastante e tem se mostrado uma força real na popularização dos vestíveis. Eles são utilizados como uma extensão do telefone celular para receber notificações e também ocupam o lugar das pulseiras para esportes, com sensores biométricos.

Com o desenvolvimento de sensores flexíveis que podem ser embutidos no próprio tecido, a tecnologia passou dos acessórios para a peça de roupa. Esse tipo de artigo pode ser considerado como um vestível propriamente dito. Essas camisetas e peças de esporte vêm equipadas com sensores que medem ECG (eletrocardiograma), temperatura, suor e até movimento.

Figura 7.
Future Flora, de Giulia Tomasello.
Fotografia: Tom Mannion.

Figura 8.
Petri com a bactéria utilizada no projeto.
Fotografia: Giulia Tomasello.

Figura 9.
O líquido deve ser aplicado no absorvente para ser utilizado.
Fotografia: Giulia Tomasello.

Figura 10.
Infográfico explicando o processo de utilização do kit.
Fotografia: Giulia Tomasello.

Figura 11.
Nike+ Fuelband.
Fotografia: iStock – Getty Images.

CAMISETAS INTELIGENTES, DE RALPH LAUREN + OMSIGNAL

Ralph Lauren lançou uma camiseta inteligente que coleta dados biométricos do atleta e mostra a informação em um aplicativo para celular. A camiseta traz tecnologia desenvolvida pela empresa canadense OMsignal e conta com sensores costurados no próprio tecido da camiseta, que transferem as leituras para uma espécie de "caixa-preta" acoplada à peça. Aliás, a parte rígida pode ser desacoplada para lavagem, e essa tem sido a abordagem-padrão para as roupas inteligentes no mercado. Os dados, além de coletados por esse dispositivo, podem ser enviados via Bluetooth Low Energy (BLE) para o celular, no qual um aplicativo feito especialmente para a peça atua como um treinador virtual, inclusive dando dicas de como melhorar o treino.

> Sensores utilizados: ECG, batimento cardíaco, temperatura, respiração e movimento.

ROUPA INTELIGENTE DE ANÁLISE DE MOVIMENTO PARA GOLF, DE GUIDED KNOWLEDGE

A empresa Guided Knowledge desenvolveu um macacão equipado com sensores que detectam e analisam os movimentos do corpo durante uma prática de golf. A roupa inteligente possibilita análise em tempo real e é conectada a um aplicativo para telefone celular que ajuda treinadores e atletas a aprimorar seus movimentos. Os dados são armazenados na nuvem e podem ser acessados em qualquer parte. Os sensores e baterias são removíveis para a lavagem. Esse é o primeiro produto da marca que desenvolveu essa tecnologia também pensando em outros esportes e áreas para uso.

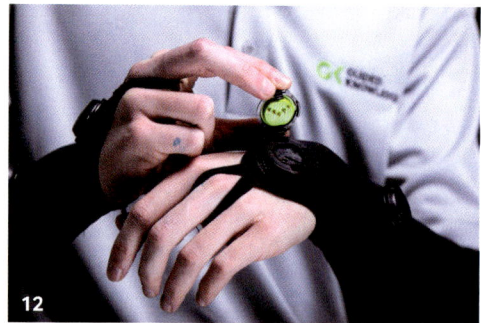

Figura 12.
Detalhe do macacão inteligente com os sensores removíveis.
Fotografia: Guided Knowledge.

Figura 13.
Atleta interagindo com o aplicativo.
Fotografia: Guided Knowledge.

2.3. ARTES

Durante muito tempo, artistas têm acoplado dispositivos nas roupas como maneira de modificar sua aparência e adicionar algumas funções. Apesar do recente desenvolvimento em tecnologia de sensores, a união entre luz e moda não começou no século XX.

Joias que eram iluminadas, em forma de broches e tiaras, foram bastante populares na França e na Inglaterra, entre 1870 e 1880. Revistas como *La nature* e *Scientific American* publicaram os desenhos de joias de Gustave Trouvé em Paris — chamadas de "electric jewels" —, que foram utilizadas em fantasias de dançarinos e performers de palco. Elas eram alimentadas por baterias de 2 a 4 volts e eram acionadas por um interruptor, ambos escondidos em uma espécie de bolso. Pedras de vidro colocadas em cima dos bulbos de luz potencializavam o efeito mágico (LEE, 2005).

No começo do século XX, outro exemplo histórico na intersecção entre tecnologia e roupas são os desenhos produzidos pelos movimento futurista italiano, segundo o qual as roupas deveriam escapar do domínio exclusivo da moda. Eles propuseram uma roupa mais funcional e dinâmica.

Em 1914 Giacomo Balla sugeriu uma série de vestidos para serem usados de acordo com o humor. A vestimenta deveria ser trocada a cada instante. De maneira semelhante, no manifesto *Latin pleasures for the mind*, Filippo Tommaso Marinetti descreveu uma série de "tátil ressonante metafórico vestido afinado a cada hora, dia, estação do ano e humor para demostrar sensações de declínio, entardecer, anoitecer, primavera, verão, inverno, outono, ambição, amor etc." (LEE, 2005).

Expressões artísticas por meio de vestíveis começaram por volta de 1950 e 1960, concomitantemente com o crescimento do interesse das artes do corpo e da performance pelo universo das artes plásticas.

A seguir apresento alguns projetos de artistas e designers que utilizam tecnologia ao redor do corpo para contas histórias, propor reflexões e criar novas percepções do espaço e do próprio corpo.

AUDIO BALLERINA (1989), DE BENOÎT MAUBREY

Esse projeto, um dos vestíveis pioneiros na manipulação de som, é composto por uma espécie de sintetizador vestível no formato de um uniforme de balé. Totalmente analógico, a bailarina pode gravar os sons presentes no ambiente e transformá-los por meio de botões posicionados nas mãos dela e na saia. Com os sensores de movimento, a dançarina pode também acionar sons gerados eletronicamente, que são coreografados em composições musicais, como em um "audio ballet". A superfície da saia, feita em plexiglass, é equipada com memórias digitais, transmissores e receptores de radiofrequência, microfones, sensores de luz, amplificadores e alto-falantes que proporcionam a interação com o espaço. O sistema é alimentado por células solares, quando ao ar livre, e por baterias recarregáveis, quando em ambiente interno. No capítulo 9 veremos em detalhe diversas opções para alimentar seu projeto vestível.

Figura 14.
Audio Ballerina, 1989.
Fotografia: Eke Wijngaard/
Benoît Maubrey.

SPIDER DRESS (2015), DE ANOUK WIPPRECHT

Anouk Wipprecht é uma estilista holandesa que cria roupas que transitam entre robótica, artes interativas e moda. Ela utiliza modernas técnicas de impressão 3D e cria vestidos que lidam principalmente com o conceito de espaço pessoal. Um de seus trabalhos mais emblemáticos é o Spider Dress. O vestido, desenvolvido em colaboração com a Intel, simula as patas de uma aranha robótica. Essas patas se movem quando alguém se aproxima e entra no espaço íntimo da pessoa que está vestindo uma espécie de alerta dessa intrusão.

Figura 15.
Spider Dress.
Fotografia: Jason Perry.

BLESS Nº 45 SOUNDPERFUME ORCHESTRA SCARF (2013), DE BLESS + POPKALAB

Neste trabalho colaborativo, a marca de design situacionista BLESS convidou o estúdio de design POPKALAB para desenvolver o cérebro técnico do seu cachecol BLESS Nº 45 Soundperfume Orchestra Scarf.

O cachecol de formato triangular oferece a possibilidade de dividir uma peça musical em cinco trilhas sonoras diferentes. O usuário pode decidir quais faixas devem ser ativadas individualmente para compor e ouvir a música personalizada. Diferentes tipos de fecho funcionam como controladores. Cinco alto-falantes em forma de botão permitem que cada faixa se torne claramente audível quando o par de fechos correspondente é fechado. O volume pode ser manipulado pelos botões + e – próximos ao colar. Um cachecol totalmente carregado pode ser reproduzido por 3 horas sem parar e pode ser recarregado por meio de um cabo USB que pode ser conectado à fenda próxima à gola.

Figura 16.
BLESS Nº 45 Soundperfume Orchestra Scarf.
Fotografia: BLESS.
Modelo: Sabine Seymour, curadora do projeto.

Figuras 17, 18 e 19.
Exemplo de feixe que atua como controlador.
Fotografia: BLESS.

PAPARAZZI LOVER (2012), DE RICARDO O'NASCIMENTO + AMBASJA BLANKEN

O vestido Paparazzi Lover — criado para a exposição technosensual no MuseumsQuartier, em Viena, Áustria — é um exemplo de roupa que reage ao meio ambiente. O vestível é um comentário da cultura pop, em que celebridades e fotógrafos travam uma relação de amor e ódio. Embutido no desenho estão sensores de luminosidade, que detectam quando um fotógrafo utiliza o flash e, quando isso acontece, 61 leds são acionados, criando um forte efeito visual e revelando essa delicada relação.

Figura 20.
Paparazzi Lover.
Fotografia:
Peter Grillmair.

Figura 21.
Trans Warm Entities,
de Maartje Dijkstra e Newk.
Fotografia: FashionFusion.

TRANSWARM ENTITIES (2016 - 2017), DE MAARTJE DIJKSTRA E NEWK

Maartje Dijkstra é uma desenhadora de moda holandesa que cria roupas incríveis a partir da técnica de impressão 3D manual e filamento flexível. Um dos pontos mais interessantes é o uso de uma técnica manual, porém aliada a novas tecnologias, como é o caso da impressão 3D. Os vestidos possuem muitos detalhes e muitas vezes reagem ao som da canção produzida pelo músico e produtor Newk, que também é responsável pela programação da interação. O vestido Trans Warm Entities possui em sua estrutura pequenos drones que saem do vestido e voam em volta do mesmo, criando um efeito mágico.

RAMBLER SHOES (2010), DE RICARDO O'NASCIMENTO E TIAGO MARTINS

Rambler Shoes é um par de sapatos que monitora literalmente cada passo que você dá. O projeto, desenvolvido por Tiago Martins e Ricardo O'Nascimento, foi criado como uma crítica à superexposição nas mídias sociais, em especial na plataforma Twitter. O sapato possui um sensor de pressão em cada sola, detectando passos. Esses dados são enviados via bluetooth para o smartphone, no qual um aplicativo desenvolvido publica na plataforma social a palavra "tap" para cada passo e um "." para cada momento de descanso. Quando completados 140 caracteres (limite da plataforma na época), o post é publicado. O resultado é um texto gráfico original. Esse projeto é uma interessante investigação sobre diferentes formas de se gerar conteúdo digital, no caso, por meio do caminhar.

Figura 23.
Led Eyelashes, de Soomi Park.
Fotografia: Soomi Park.

LED EYELASH (2007), DE SOOMI PARK

Muito antes de os cílios de led se tornarem populares, a artista sul-coreana Soomi Park desenvolveu um acessório com base na ideia de cílios postiços compostos por leds. A artista partiu da seguinte observação de sua própria cultura: Porque as mulheres querem ter olhos grandes? A maioria das moças asiáticas, segundo ela, têm o desejo de possuir olhos grandes, mas poucas nascem com essa característica. A elas sobram alternativas como cirurgia plástica ou truques de maquiagem para alcançar o efeito desejado.

Led Eyelash é um projeto que dialoga com essa ideia. É composto por um sensor que acende os leds de acordo com o movimento das pupilas e das pálpebras. É simples de usar, como um par de cílios postiços, e de fácil remoção, como uma joia.

Figura 22.
Rambler Shoes,
de Ricardo O'Nascimento e Tiago Martins.
Fotografia: Ricardo O'Nascimento.

WEARABLE FAÇADE (2015), DE RICARDO O'NASCIMENTO

Wearable façade é uma performance em que a roupa possui uma estampa que se modifica em tempo real, de acordo com o seu entorno. A jaqueta possui uma tela na parte da frente que é composta por 800 leds RGB bordados à mão. Na parte de trás existe uma câmera que tira fotografias a cada 10 segundos. Um algoritmo desenvolvido especialmente para a peça analisa essas imagens, captura as formas e cores mais proeminentes e cria uma estampa baseada nessa informação em tempo real. Esse trabalho foi inspirado na teoria das cinco peles, do arquiteto humanista austríaco Friedensreich Hundertwasser. Segundo o arquiteto existem cinco camadas de pele: a primeira camada seria a epiderme; a segunda seriam as roupas; a terceira, a arquitetura; a quarta, nossa identidade; e a quinta camada, a natureza. Ao captar elementos da arquitetura e da natureza e assim influenciar a aparência da roupa, a performance questiona o efeito dessas relações na própria identidade do performer.

Figura 24.
Wearable façade, de Ricardo O'Nascimento. Fotografia: Frank Vinken/ Urbane Künste Ruhr.

Figura 25.
Sound Steps, de POPKALAB e Phonotonic.
Fotografia: Ricardo O'Nascimento.

THE HUMAN SENSOR (2016), DE KASIA MOLGA

Este projeto investiga a respiração como interface entre o meio ambiente e o nosso corpo. Trata-se de uma narrativa futurística em que as pessoas com problemas respiratórios são usadas para detectar mudanças na qualidade do ar em ambientes urbanos. Poluição do ar é um problema que cresce rapidamente nas grandes cidades, sendo agravado pela industrialização e pelo aquecimento global. A dificuldade em se obter dados sobre a qualidade do ar nos coloca em uma posição ainda mais vulnerável.

The Human Sensor é um conceito composto por duas partes — peças vestíveis, que são complementadas por uma performance. As roupas são ativadas pela respiração do usuário, respondendo em tempo real ao ritmo da respiração e mudando de cor de acordo com a composição química do ar. A performance é descrita pela artista como uma estória do ar escrita pela nossa respiração.

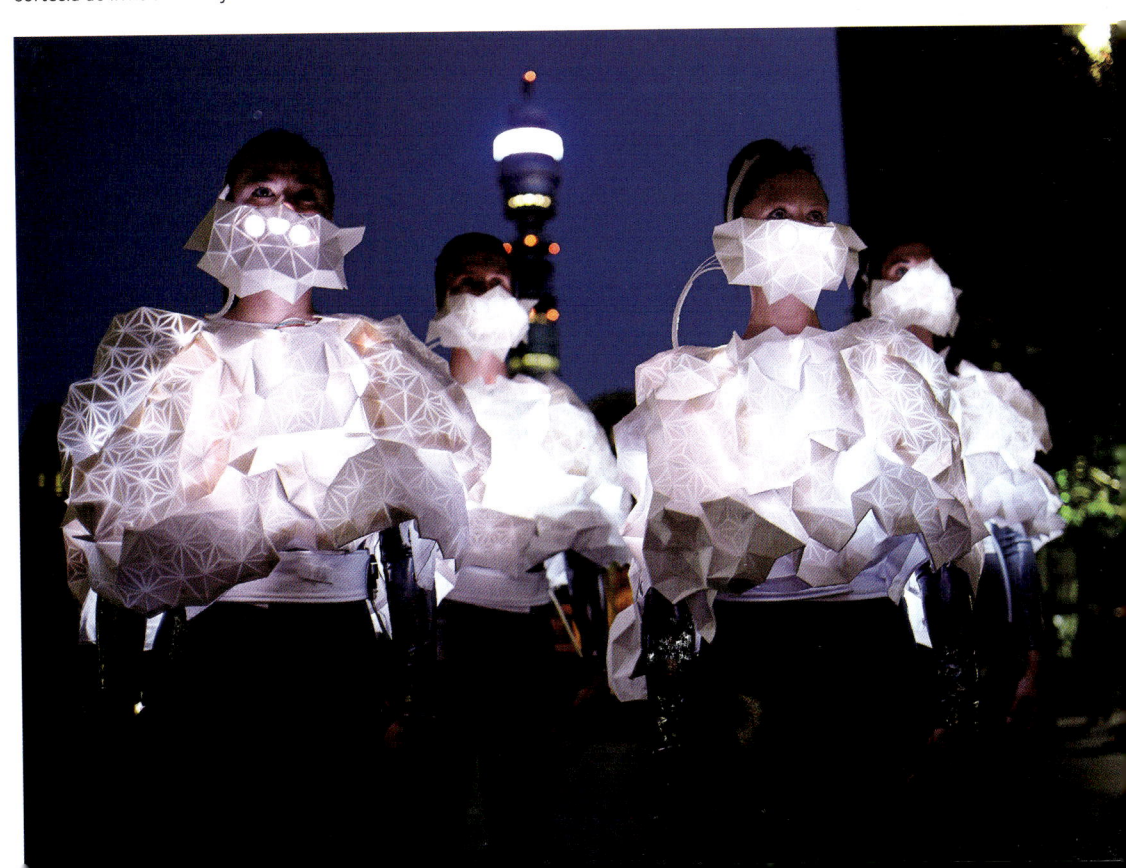

SOUND STEPS (2016), DE POPKALAB E PHONOTONIC

Sound Steps é um par de sapatos desenvolvido pelo estúdio POPKALAB, em parceria com a empresa Phonotonic, que cria música a partir do movimento dos pés. A ideia foi desenvolver um acessório que pudesse ser acoplado a qualquer tipo de calçado com cadarço e, assim, criar uma maneira divertida de se fazer música e se movimentar. O acessório é conectado a um aplicativo para smartphone, a partir do qual se pode escolher o estilo musical e até mesmo modificar o som dos passos. O projeto foi desenvolvido com o apoio do Worth Partnership Project, da União Europeia.

Figura 26. The Human Sensor, de Kasia Molga.
Fotografia: Angela Dennis,
cortesia de Invisible Dusty.

BE LOVED (2015), DE IRIA DO CASTELO E RICARDO O'NASCIMENTO

Be Loved é uma performance composta por duas peças vestíveis que interagem uma com a outra. As tranças possuem em sua composição material condutivo e, quando se tocam, esse material aciona uma performance sonora interativa, que lida com a complexa mistura de sentimentos de ansiedade e relaxamento.

Figura 27.
Be Loved, de Iria do Castelo e Ricardo O'Nascimento.
Fotografia: Lidia Veiga.

GHOSTNET (2018), DE BUSHRA BURGE

GhostNet é um vestível interativo que utiliza realidade virtual e soft robotics para conscientizar os usuários sobre a poluição dos oceanos pelo plástico, que leva à morte milhões de seres marinhos. Ele apresenta um cenário subaquático distópico, animado em Unity, que mostra dados científicos sobre o tema e utiliza um dos mais recentes headsets – Lenovo Mirage Solo, com plataforma Google Daydream. Integrado a ele há um sistema pneumático na forma de um tentáculo, que infla e toca o usuário. Esse sistema é animado na realidade virtual ou pode ser monitorado por um controlador. A peça foi criada levando em consideração aspectos sustentáveis, como metodologia circular e materiais não nocivos ao meio ambiente. O projeto foi desenvolvido como parte da rede Wear Sustain, e foi financiado pela União Europeia para apoiar iniciativas sustentáveis no campo da moda e da tecnologia.

Figura 28.
Usuário interagindo com GhostNet.
Fotografia: Dan Weill.

Figura 29.
Sistema pneumático em formato de tentátulo.
Fotografia: Bushra Burge.

Figura 30.
Environment Dress 2.0.
Fotografia: Maria Castellanos.

ENVIRONMENT DRESS 2.0 (2015), DE MARIA CASTELLANOS E ALBERTO VALVERDE

Environment Dress 2.0 é um vestível inteligente que mede a agressividade do ambiente, com o intuito de identificar o quanto essa agressividade afeta o nosso comportamento coletivo.

Todos os dados detectados são transmitidos via bluetooth para um aplicativo de celular que produz dados abertos ou, em outras palavras, uma base de dados geolocalizada reconhecida pelo vestido. Os dados são mostrados ao usuário ou a qualquer um que se conecte ao aplicativo ou ao site do projeto.

Uma vez analisados os dados do servidor, o sistema gera perfis de resposta. Por exemplo: quando o programa instalado no servidor detecta um nível alto de raios ultravioleta ou uma concentração grande de monóxido de carbono na roupa, ele devolverá ao vestido uma resposta por meio de alterações de cores nos leds, sempre em função dos dados recebidos.

O projeto é open source e todo o código e os arquivos necessários para a construção de um Environment Dress estão disponíveis no site do projeto.

SYMBIOTIC INTERACTION (2016-2017), DE MARIA CASTELLANOS E ALBERTO VALVERDE

O projeto é composto de dois vestíveis que medem as vibrações elétricas de plantas e monitoram o ambiente ao redor do usuário. O resultado dessa análise é visualizado a partir de mudança de cores e sons nos vestíveis. As plantas atuam, assim, como interface entre o usuário e o meio ambiente. O projeto foi desenvolvido em uma residência artística no Softlab em Umeä, Suécia.

Figuras 31 e 32.
Symbiotic interaction.
Fotografia: Maria Castellanos.

LACE SENSOR PROJECT (2012), DE ANJA HERTENBERGER E MEG GRANT

Este projeto, desenvolvido em colaboração com o Museu de Kantfabriek, investiga como o bordado pode ser expandido com o uso da tecnologia e assim proporcionar uma possibilidade de narrativa, utilizando sons. Trata-se de uma coleção de três vestidos reativos. Os bordados acionam o áudio de poemas por meio de alto-falantes acoplados ao design. Os gestos que acionam os sons estão relacionados aos poemas. Esse é um exemplo de como podemos utilizar a tecnologia para sugerir movimentos corporais.

Figura 33.
Vestidos da coleção.
Fotografia: Pieter Claessen.

Figura 34.
Detalhe do vestido, mostrando a parte que utiliza linha condutiva para ativar os sons.
Fotografia: Pieter Claessen.

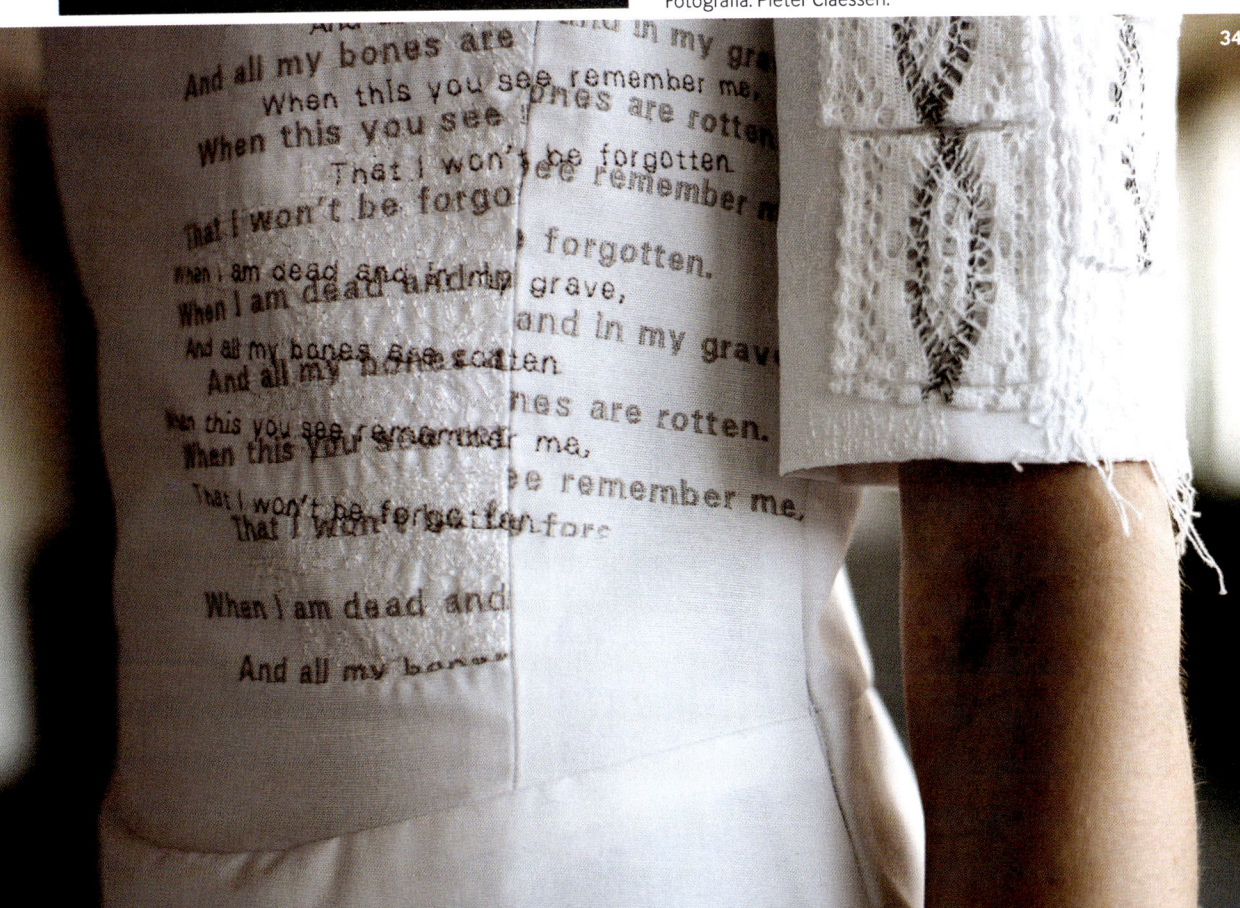

KEEP YOUR HEAD DOWN AND WALK (2014), DE PAOLA TORRES NÚÑES DEL PRADO

Nsssa performance realizada em Nova York, a artista peruana Paola Torres Núñes del Prado utiliza um sensor de aceleração para detectar o movimento da cabeça. A tecnologia está embutida em um chulo — peça para cabeça, típica do Peru. Por meio de pequenos alto-falantes acoplados ao chulo, a pessoa que o está usando escuta sons gravados na cidade de Lima. No entanto, ela deve permanecer com a cabeça abaixada, uma metáfora da condição de opressão que os latino-americanos sofrem nos Estados Unidos e na maior parte do mundo.

Figura 35.
Pessoa utilizando o chulo reativo em Nova York.
Fotografia:
Paola Torres Núñes del Prado.

2.4. INDÚSTRIA

A Internet das Coisas (IoT), com sua rede ou dispositivos sempre conectados, coletando e compartilhando grandes quantidades de dados, está revolucionando a forma como as pessoas interagem com as máquinas.

A aplicação dessa tecnologia ao mundo industrial é um conceito conhecido como IoT industrial — Internet Industrial das Coisas (ou Internet Industrial ou Indústria 4.0). Desde o advento da IoT, as tecnologias operacionais tradicionais estão passando por uma grande transformação, e a tecnologia vestível é um dos centros dessa mudança. O Industrial Wearable System (IWS) é definido como uma área da tecnologia vestível dentro da indústria, focado na capacitação humana com o objetivo de atender e melhorar as necessidades físicas, sensoriais e cognitivas dos operadores.

Trabalhadores de fábrica hoje interagem rotineiramente com máquinas. Os sistemas de interface Human Machine Interface (HMI) permitem que os operadores interajam com os sistemas de automação e compreendam todo o processo do chão de fábrica. Os sistemas SCADA, um acrônimo para controle de supervisão e aquisição de dados, ajudam os operadores a controlar processos e notificações ou "alarmes", caso ocorram eventos não planejados. Em suma, os softwares HMI e SCADA permitem "observar e operar" máquinas e processos. As implementações tecnológicas atuais variam de salas de controle de operação a painéis de HMI estacionários no chão de fábrica.

Os dispositivos vestíveis aumentam ainda mais a experiência do usuário e abrem novas áreas de aplicação. Por exemplo, uma força de trabalho está aumentando drasticamente a produtividade do trabalhador. Um trabalhador responsável pela garantia de qualidade está recebendo uma notificação de um sensor de IoT em seu smartwatch. Ele recebe instruções de fluxo de trabalho passo a passo e pode usar um escâner de código de barras integrado para interagir com o sensor de IoT. Isso elimina os fluxos de trabalho de papel e melhora a qualidade da aquisição de dados.

Roupas inteligentes monitoram as condições vitais, a ergonomia e fornecem feedback instantâneo para o back-end de IoT, caso ocorram incidentes. Por exemplo, sensores vestíveis rastreiam a localização de um trabalhador e monitoram escorregamentos e quedas em tempo real, aumentando assim a segurança no trabalho e reduzindo os tempos de resposta, em caso de acidente.

Atualmente existem diversas start-ups com projetos muito semelhantes. Às vezes inclusive com tecnologia bem parecida. Aparelhos para postura, roupas esportivas inteligentes, rastreadores de performance inteligentes. Quase tudo já foi feito. Por isso é muito importante saber que o revelante não é o que o produto faz, mas, principalmente, como ele faz. As experiências de usuário têm um papel fundamental no sucesso ou fracasso de um produto. No capítulo 12, vamos discutir como se planeja um projeto vestível.

PROJETOS RELACIONADOS

Pro Glove

A empresa Pro Glove desenvolveu uma luva com um sistema de leitura de código de barras embutido. A luva é conectada via bluetooth com o resto do sistema e pode ser usada em diversas aplicações, em situações de monitoramento e controle de estoque e logística em geral.

Kenzen

Kenzen é uma start-up que desenvolveu um dispositivo vestível que monitora as condições de trabalho e alerta para situações de perigo envolvendo temperaturas. O dispositivo é para ser usado por trabalhadores em fábricas e ajuda na prevenção de acidentes, promovendo o bem-estar dos trabalhadores. O dispositivo está em fase de validação e deve estar disponível no mercado em breve.

Figura 36.
Processo de funcionamento da solução.
Fotografia: Kenzen.

2.5. MODA

A tecnologia wearable também pode ser utilizada em função da estética. A moda tem adotado materiais inteligentes para criar efeitos visuais interessantes, robótica, para criar movimentos e interações nas roupas, e sensores, para criar novas relações entre a peça de roupa e o tecido. Também é importante destacar o uso de tecnologias de manufatura digital, como impressão 3D e o corte a laser (mais sobre essas tecnologias no capítulo 11).

A seguir mostrarei o trabalho de alguns designers que estão revolucionando o mundo da moda com um olhar bem peculiar sobre as novas tecnologias.

PROJETOS RELACIONADOS

Venus Dress (2016), de Julia Koerner

Koerner é uma pesquisadora e designer austríaca especializada em impressão 3D para roupas. O Venus Dress é fruto de uma pesquisa sobre a esponja do fundo do mar, também conhecida como Venus flower basket. Sua estrutura cresce e se adapta a influências de seu entorno. O vestido foi criado tendo como base uma matriz em mosaico, gerada a partir de uma nuvem de pontos digitais.

Koerner utiliza em suas criações materiais inovadores, como filamento termocromático e técnicas de impressão avançadas. Seu processo criativo muitas vezes se inicia com o escaneamento da modelo para a criação de peças ultracustomizadas. Alguns exemplos de suas colaborações são criações impressas em 3D para Iris van Herpen e para o filme Pantera Negra.

Figura 37.
Venus Dress, de Julia Koerner.
Fotografia: Tom Oldham.

Figura 38.
Detalhe do vestido que mostra o material que muda de cor conforme a temperatura corporal da modelo.
Fotografia: Tom Oldham.

Possible Tomorrows (2017), de Ying Gao

Ying Gao utiliza robótica para criar interpretações poéticas do uso de tecnologia em nossas vidas. Em seu trabalho, o discurso complementa o design minimalista de maneira contundente. Um dos trabalhos dele de que mais gosto é o Possible Tomorrows. Nessa experiência, os vestidos estão conectados a um sistema de reconhecimento de impressão digital. No entanto, o vestido se movimenta quando o sistema é acionado por alguém desconhecido.

Figuras 39 e 40.
Possible Tomorrows, de Ying Gao.
Fotografia: Dominique Lafond.

The HugShirt (2002), Twirkle e SoundShirt (2018) de CuteCircuit

A marca de roupa londrina CuteCircuit tem desenvolvido diversas tecnologias de computação vestíveis. Em 2010, inventou a HugShirt, uma camiseta que manda e recebe abraços virtuais. Essa invenção é uma das primeiras peças vestíveis de telecomunicação tátil. Cada camiseta possui sensores embutidos que capturam dados do abraço, como a duração e a intensidade, e a localização da pessoa que está enviando o abraço. A pessoa que recebe deve também estar vestindo a camiseta e sente um aquecimento e uma leve vibração no lugar onde a outra pessoa interagiu. Desde sua criação foram desenvolvidas diversas versões que foram se aprimorando, com a evolução da tecnologia. A peça se conecta via bluetooth a um aplicativo para celular, e o abraço é transmitido por meio da internet.

Entre suas peças de pronta entrega está a coleção Twirkle, composta de camisetas com leds que acendem de acordo com o movimento da pessoa que está usando. A parte que contém os componentes eletrônicos, como o sensor e a bateria, pode ser destacada da camiseta durante a lavagem.

Um outro projeto inovador é a SoundShirt, que permite que uma pessoa com deficiência auditiva sinta a música na pele e experimente um concerto pela primeira vez. A camiseta possui dezesseis microatuadores embutidos no tecido, que recebem os dados musicais. Assim, os violinos são sentidos no braço, a percussão, nas costas e, assim, é criada uma experiência imersiva para o usuário. A ausência de fios e o tecido maleável que utiliza materiais e técnicas avançadas de tecnologia vestível garantem o conforto do usuário.

Figura 41.
HugShirt, de CuteCircuit.
Fotografia: CuteCircuit (Theodoros Tchilapas).

Figura 42.
Twirkle é uma camiseta que acende os leds quando a pessoa se movimenta.
Fotografia: CuteCircuit (Max Oppenheim).

Figura 43.
SoundShirt transforma música em vibrações.
Fotografia: CuteCircuit (Max Oppenheim).

Figura 44.
Aura Dress, de Clara Daguin.
Modelo: Caroline Hahn.
Fotografia: Clara Daguin.

Aura dress (2018), de Clara Daguin

Clara Daguin é uma jovem estilista francesa que combina técnicas de bordado tradicionais com novos materiais e componentes eletrônicos. Em suas peças ela utiliza el wires, leds e sensores, criando em efeito visual impactante. Sua coleção Aura Inside é um exemplo de técnica e experiência vestível que vai além de uma peça de roupa. Essa coleção é marcada por uma instalação na qual o visitante é convidado a se posicionar entre a parte da frente e de trás do vestido. Ao se posicionar, o usuário aciona padrões luminosos inspirados no infinito e nas constelações. Clara nos agracia com modelos bem estruturados e uma combinação única de habilidade manual – bordado – com materiais luminosos.

IT Pieces (2017), de Flora Miranda

Flora Miranda é uma jovem estilista austríaca que utiliza tecnologia de maneira crítica e inovadora. Na coleção IT Pieces, ela faz uso de *machine learning* para criar peças ultracustomizadas, em que frases são escolhidas de acordo com o perfil on-line do usuário. Ela, em conjunto com um time talentoso, desenvolveu uma ferramenta on-line na qual você deve se inscrever com o seu perfil do Facebook. A ferramenta analisa os seus posts e padrões de comportamento on-line, e seleciona frases de músicas do finlandês Jaakko Eino Kalevi que sejam mais adequadas ao perfil investigado. A produção das blusas é local e leva em conta questões relativas à produção de moda sustentável. Flora Miranda traduz nossos dados em moda de luxo.

The Solar Shirt (2014), de Pauline Van Dongen

Pauline van Dongen é uma designer holandesa que traz uma visão bastante peculiar ao universo da moda e da tecnologia. A designer investiga, entre outros tópicos, como utilizar roupas e tecidos para captar energia solar. Ela trabalhou em cooperação com o Holst Centre na aplicação das células solares flexíveis que são impressas no tecido. Essas células respeitam a maleabilidade e o movimento do corpo e são laváveis. A camiseta leva 120 células solares integradas na roupa com a tecnologia desenvolvida pelo instituto. Ela foi criada para ser usada no dia a dia e pode carregar um telefone ou qualquer outro aparelho eletrônico via USB. Quando exposta à luz solar intensa, ela produz cerca de 1 W de eletricidade. A energia gerada pode ser estocada em uma bateria recarregável, localizada em um bolso.

Figura 45.
The Solar Shirt, de Pauline van Dongen. Fotografia: Liselotte Fleur.

Figura 46.
Camiseta IT Pieces, de Flora Miranda. Fotografia: Domen / Van De Velde.

Figura 47.
Interface de customização da coleção IT Pieces, de Flora Miranda.

Deep Web (2019), de Flora Miranda

Deep Web é uma coleção que apresenta o processo de entendimento de uma máquina na construção de uma peça de roupa, segundo a visão da artista, inspirada pela imagem corpórea da performer transexual norte-americana Amanda Lepore. Cada vestido dialoga com a imagem estereotipada do corpo feminino e de como o computador pode lidar com a variedade de gêneros. Cada peça representa uma etapa do processo de aprendizagem do computador na construção de uma roupa, segundo os parâmetros estabelecidos pela artista. A coleção foi exibida em janeiro de 2019, em Paris, por meio de performance, liderada pela artista norte-americana Signe Pierce e desenvolvida pela artista suíça Simone C. Niquille.

Figuras 48 a 52.
Peças da coleção Deep Web.
Fotografia: Etienne Tordoir.

E.S.P. (2016), de Machina Wearable Technology

Machina Wearable Technology é uma marca de roupas inteligentes da cidade do México, fundada por Antonio e Linda, e que há muito tempo vem desenvolvendo roupas que controlam música ou são conectadas com a internet. Todas as suas invenções estão disponíveis para compra no site da marca.

E.S.P. é o anagrama de "extra sensory perception" e se refere a um botão inteligente conectado à roupa. Esse botão – M.Bot smart controller – pode ser programado para ter uma função customizada, atuando como um botão de alerta ou de controle de música, servindo também para atender o telefone ou para alertar sobre mensagens que chegarem no celular.

Figura 53.
Jaqueta com o controlador M.Bot, de Machina.
Fotografia:
Machina Wearable Technology.

Fashion on Brainwaves (2015), de Jasna Rokegem

A coleção Fashion on Brainwaves capta as ondas cerebrais por meio da tecnologia EEG, que podem ser visualizadas nas roupas por meio de animações de cores e movimento. Essa coleção aponta caminhos para comunicação não verbal por meio da moda.

Figura 54.
Vestido da coleção de
Jasna Rokegem.
Fotografia: Cédric Bloem.

Materials

PART II

O material é a base sobre a qual o nosso meio ambiente é construído. Os materiais podem ser classificados em dois grandes grupos: naturais – encontrados na natureza – ou produzidos pelo homem. Muitos dos materiais produzidos pelo homem possibilitaram o surgimento e a evolução de tecnologias e produtos. Existem hoje mais de 160 mil novos materiais disponíveis para designers e engenheiros, dos quais mais de 45 mil são polímeros artificiais e centenas de materiais são compostos de alta performance (ASHBY; SHERCLIFF; CEBON, 2014).

Foram os avanços recentes em material e em mecânica que possibilitaram o surgimento de microestruturas orgânicas e inorgânicas, permitindo que possamos dobrar e torcer os componentes. Foi graças a esses novos materiais que os componentes eletrônicos flexíveis surgiram.

Fazem parte dessa lista de novos materiais alguns compostos de polímeros eletroativos, fotoativos e elastômeros, polímeros biorresponsíveis, memory shape alloy (liga metálica com efeito de memória de forma), materiais cromogênicos e polímeros compostos. Há hoje em dia, uma vasta gama de materiais, com os quais os designers têm de estar familiarizados para poder escolher o material mais adequado para seus projetos.

Alguns pontos que devem ser levados em consideração na escolha do material são:

» tipo do projeto;
» característica do material;
» preço;
» disponibilidade;
» sustentabilidade ambiental e social.

MATERIAIS PARA TECNOLOGIA VESTÍVEL

CAPÍTULO 3

Na sequência, veremos alguns materiais utilizados na tecnologia vestível, detalhes de seu funcionamento e o contexto no qual eles podem ser aplicados. Cada material é ilustrado com um projeto em que foi empregado.

3.1. MATERIAIS CONDUTIVOS

Os wearables estão ao redor do corpo e, para que possam ser usados com conforto, devem adaptar sua forma às nossas curvas e movimentos.

O que possibilita a flexibilidade necessária são os materiais especiais, capazes de transmitir dados e eletricidade, como poderemos ver nos exemplos a seguir.

LINHA CONDUTIVA

Embora pareça uma linha comum, a linha condutiva é capaz de conduzir eletricidade e dados. A condutividade se deve a algum metal ou coating (revestimento) presente na composição de sua fibra. Podemos encontrar no mercado linhas de diversos materiais, como ouro, cobre, aço, prata ou carbono. O grafeno é também um material altamente condutor, que tem sido experimentado na confecção de linhas condutivas, mas ainda está em fase de pesquisa e desenvolvimento. No momento de escolher uma linha condutiva, é importante prestar atenção nas dobras (ply), nos detalhes de sua construção e na ficha técnica.

Esse tipo de linha é especialmente complicado de se trabalhar por enrolar e criar nós com facilidade. Também podemos enfrentar o problema da oxidação, quando se tratar de uma linha à base de cobre. A prata possui propriedades bactericidas, o que torna seu uso ideal para vestíveis da área de saúde.

Apesar de existirem no mercado linhas condutivas isoladas, a maioria não o é. Por isso, é fundamental prestar bastante atenção no trabalho, para evitar curtos-circuitos. Para isolar as linhas, podemos utilizar uma camada de esmalte de unha ou, ainda, uma camada de tecido colada ou costurada por cima.

A linha condutiva é utilizada em bordados eletrônicos, como trilhas em circuitos flexíveis e na confecção de sensores e atuadores.

A escolha da linha condutiva mais adequada ao seu projeto vestível vai depender do tipo de aplicação a ser criado. Se o objetivo for substituir os fios em um circuito, o ideal é uma linha com baixa resistência. Se o objetivo é criar um tecido que esquente, o ideal é uma linha com alta resistência. Para verificar a resistência, utilizamos o multímetro (ver capítulo 4).

As cores das linhas vão depender do seu componente metálico. É possível tingir a linha condutiva sem influenciar sua condutividade quando ela for misturada com elementos que podem ser tingidos, como poliéster e algodão. Também é possível modificar a cor do metal, por meio de processos descritos em Hughes e Rowe (1991).

Quando se usa linha condutiva para bordar um circuito, é muito importante observar os seguintes aspectos:

» **os pontos devem estar firmes, a linha não pode estar sobrando;**

» **teste o tecido antes de costurar;**

» **é possível utilizar a linha condutiva em uma máquina de costura doméstica. Nesse caso, coloque a linha condutiva na bobina de baixo e modifique a tensão até encontrar a combinação mais adequada. Quando estiver costurando, tente ir bem devagar e verifique sempre a qualidade da costura.**

TECIDO CONDUTIVO

Os tecidos condutivos são formados por fios com propriedades condutoras, estruturados principalmente por técnicas manuais ou industriais de tecelagem ou tricô. Existem também outras técnicas, como trançado ou renda, que são menos comuns.

O tecido é o resultado de uma técnica de construção, e não propriamente um material. Assim, apresenta as características do material do qual é composto. Por exemplo, o tricô tende a gerar tecidos elásticos, já a tecelagem pode criar tecidos mais robustos.

O tecido condutivo tem em sua construção algum material condutivo. Existem tecidos feitos de carbono, níquel, cobre, ouro, prata, entre outros. Esse material é capaz de conduzir eletricidade, ao mesmo tempo que possui características físicas de um tecido, como maleabilidade.

Os tecidos condutivos são utilizados para a confecção de sensores de EEG (eletroencefalograma), aplicações para esporte e saúde e circuitos flexíveis.

Figura 1.
Diversos tipos de linha condutiva.
Fotografia: Ricardo O'Nascimento

Figura 2.
Diversos tecidos condutivos.
Fotografia: Ricardo O'Nascimento.

NANOTECNOLOGIA E TECIDOS

Nanotecnologia refere-se ao estudo de materiais de dimensões a partir de 100 nanômetros até o nível atômico. Na escala nano, as reações químicas do material e suas consequentes propriedades especiais (como a condutividade, por exemplo) se ampliam com o aumento da área de superfície. Isso sem que sejam alteradas as suas características na escala macro. O tecido enriquecido com nanotecnologia mantém as características comuns, porém passa a ter propriedades novas. Esse aspecto tem sido explorado na adição de propriedades ao tecido, como maciez, durabilidade, hidrofobia, resistência ao fogo e ações antimicrobianas, entre outras.

Um dos mais notórios exemplos de uso da nanotecnologia se refere à biomimética da folha de lótus e sua adaptação no desenvolvimento de superfícies repelentes de água.

Para se trabalhar em uma escala tão diminuta, é necessário utilizar equipamentos de medição especializados, como o microscópio de força atômica (AFM) e o microscópio de escaneamento de elétrons (SEM). AFMs são capazes de medir as propriedades físicas, mecânicas e estruturais das nanopartículas e dos nanomateriais. Os SEM realizam uma microanálise do material sólido, inorgânico e sintético, com taxas de amplificação de até × 300.000, capazes de gerar imagens em alta resolução.

Bolso off-line

Um uso bem interessante do tecido condutivo é a construção de um bolso off-line, onde o celular não funciona. Esse bolso funciona de acordo com o fenômeno chamado Faraday Cage. Ao envolvermos um objeto com material condutivo, ocorre o bloqueio do campo eletromagnético e, consequentemente, do sinal do celular.

A maneira de fazer é bem simples: substitua o tecido do forro do bolso por um tecido condutivo. Use a imagem ao lado como referência, ajustando o tamanho da largura e a altura, se necessário. Não se esqueça de levar em conta a grossura do aparelho.

Para um bloqueio mais eficiente, coloque uma aba no bolso feita também de tecido condutivo. Na figura 3, apresentamos um molde de bolso simples.

Figura 3.
Padrão do bolso para referência.
Fotografia: Ricardo O'Nascimento.

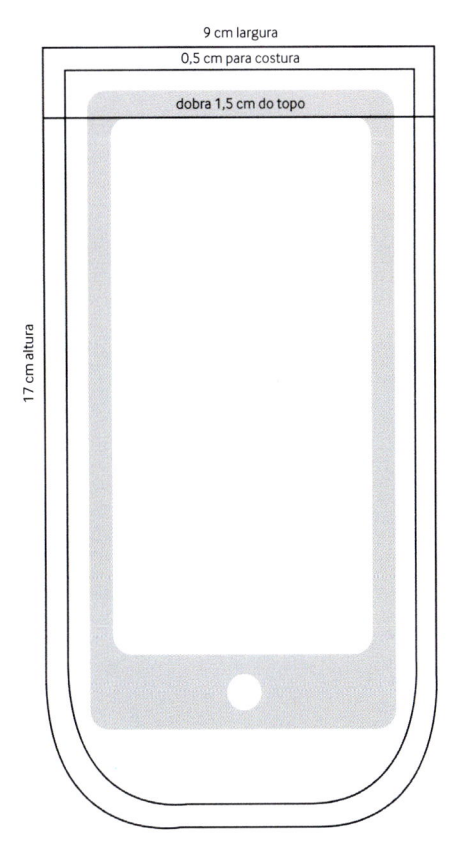

FITA CONDUTIVA

A fita condutiva é uma opção barata e rápida para se fazer circuitos eletrônicos em papel. Ela é composta por material condutivo (cobre) e serve como condutor de eletricidade através do circuito. Os circuitos no papel podem incluir componentes eletrônicos, como leds, resistores e baterias.

Figura 4.
Fita condutiva de cobre.
Ideal para prototipagem rápida.
Fotografia: Ricardo O'Nascimento.

TINTA CONDUTIVA

A tinta condutiva também é composta por materiais condutivos. Pode ser usada como uma tinta normal ou para fazer silk screen e estêncil, além de ser utilizada na criação de sensores e atuadores. Uma das opções disponíveis no mercado é produzida pela Bare Conductive, empresa de design inglesa que desenvolveu uma tinta condutiva e não tóxica.

Além da tinta, eles também desenvolveram uma placa microcontrolada que já vem com sensores de capacitância incluídos, o que torna extremamente fácil desenvolver projetos interativos baseados no toque.

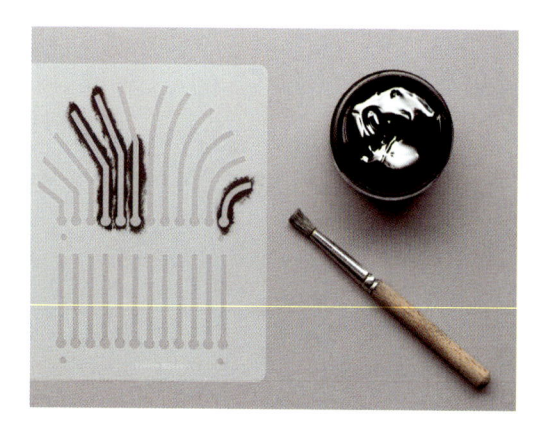

Figura 5.
A tinta da Bare Conductive pode ser aplicada em papel e tecidos para a confecção de sensores de toque.
Fotografia: Bare Conductive.

Figura 6.
Placa da Bare Conductive onde você pode usar a tinta ou qualquer outro material condutivo para criar botões que acionam sons e outros arquivos digitais.
Fotografia: Bare Conductive.

3.2.
MATERIAIS LUMINOSOS

Materiais que emitem luz são utilizados em projetos vestíveis pelo grandioso efeito visual e pela relativa facilidade de implementação. Existem diversos materiais que são flexíveis e, portanto, adequados ao corpo em movimento.

LED

O led (Light Emitting Diode) é um diodo que emite luz quando uma corrente elétrica passa por ele. Existem diversos tipos de led, inclusive alguns produzidos especificamente para serem costurados com linha condutiva, os chamados leds costuráveis.

Os mais conhecidos são os da linha LilyPad (SparkFun) e da linha Flora (Adafruit). No entanto, como esses leds foram disponibilizados como open source, outros fabricantes produzem e revendem versões semelhantes. Veremos mais detalhes sobre leds no capítulo 7.

» Para criar efeitos ópticos mais interessantes, experimente usar materiais translúcidos por cima dos leds. Assim a luz se difunde através do material, e a iluminação indireta deixará o projeto mais sofisticado.

» Alguns profissionais utilizam fitas de leds nos seus projetos. Essa abordagem certamente é mais rápida, porém as fitas de led tiram a flexibilidade do tecido. Em projetos onde existem partes rígidas, como armaduras ou máscaras, a fita de led é uma boa opção. Em projetos onde movimento e fluidos são necessários, o led bordado, apesar de mais trabalhoso, oferece melhor resultado.

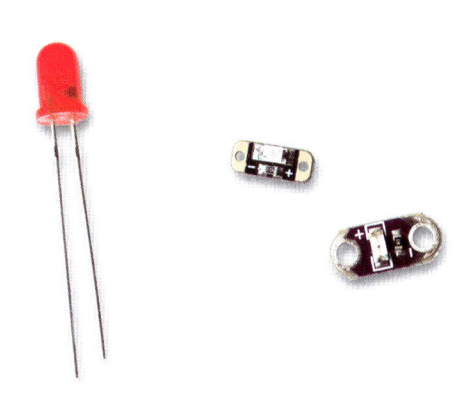

Figura 7.
Led com terminal.
Fotografia:
Ricardo O'Nascimento.

Figura 8.
Leds costuráveis feitos para serem usados com linha condutiva.
Fotografia:
Ricardo O'Nascimento.

EL WIRE

Electroluminescent wire é um cabo composto por fósforo. Quando carregado com corrente elétrica alternada, o fósforo responde com um brilho. Esse material é bem flexível e fácil de ser costurado e está disponível facilmente on-line. O aspecto negativo desse material é que o seu brilho não é muito intenso se comparado com o led, e para obter um efeito razoável é necessário um ambiente bem escuro. Dependendo da qualidade do transformador, ele pode emitir um som agudo quando ligado.

Figura 9.
O El Wire pode vir em diversas cores e é facilmente costurável em tecidos.
Fotografia: Ricardo O'Nascimento.

EL PAPER

Electroluminescent paper é bem parecido com o EL Wire, mas aqui o material que brilha é colocado em uma lâmina. O EL Paper é superfino e flexível, ideal para dar um efeito futurístico ao seu wearable. Apesar de flexível, o EL Paper é relativamente frágil e não deve ser colocado em uma área onde ele será deformado com frequência, como cotovelos e joelhos.

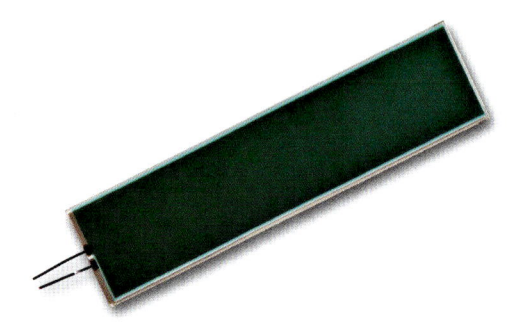

Figura 10.
EL Paper desligado.
Fotografia: Ricardo O'Nascimento.

Para fazer um desenho que brilha, utilize uma máscara de vinil preto recortado e cole por cima do EL Paper. A luz vai ser vista somente onde não tem adesivo, criando um efeito muito bacana.

FIBRA ÓPTICA

A fibra óptica é bastante flexível e pode ser até utilizada durante o processo de confecção do tecido. Há diversas espessuras do cabo e cada uma traz uma possibilidade estética diferente. Existem opções no mercado para a compra de tecidos com fibra óptica por metro, e algumas companhias de moda já incorporaram o material em suas coleções. A luz que ilumina a fibra óptica vem de um led posicionado na extremidade do cabo. Se formos confeccionar uma peça de roupa com esse material, é preciso levar em consideração o posicionamento do led para criar os padrões, evitando cortar a fibra entre a parte que se quer iluminar e o led, que é a fonte de luz. O led pode ser de uma única cor ou ser RGB.

Figura 11.
Fibra óptica costurada em tecido.
Fotografia: Ricardo O'Nascimento.

Projetos relacionados

Light Emitting Lace, de Sara & Sarah

A dupla de artistas Sara & Sarah cria tecidos utilizando fibra óptica embutida na trama. Elas adotam diversos processos, dentre eles a tecelagem. Esses tecidos podem ser usados para decoração de interiores ou em roupas.

Aurora Cap (2019), de Ana Correa e Betiana Pavón

As designers Ana Correa e Betiana Pavón utilizaram fibra óptica para criar o Aurora Cap. Esse projeto é um acessório composto por seis partes modulares impressas em 3D que se encaixam para formar um boné. Ele possui compartimento para os fios, que se iluminam em diferentes cores. O projeto foi desenvolvido durante o Fabricademy 2018-2019.

> Para que o fio inteiro se illumine, utilize uma lixa de água e suavemente lixe o cabo inteiro. Assim a luz será visível também na extensão do cabo, e não somente na ponta.

Figura 12.
Tecido com fibra óptica das artistas Sara & Sarah.
Fotografia: Sara & Sarah Smart Textile Design LLP.

Figura 13.
Aurora Cap.
Fotografia: Betiana Pavón.

3.3.
MATERIAIS CROMÁTICOS

Materiais cromáticos mudam de cor de acordo com algum fator externo, como luz, calor ou umidade. Essa característica coloca-os no campo dos smart materials (materiais inteligentes).

Podem vir em formato de pigmento sólido (em pó) ou líquido e podem ser aplicados usando diversas técnicas, inclusive serigrafia.

A seguir, apresento os materiais cromáticos mais utilizados na indústria da moda.

TERMOCROMÁTICOS

As tintas termocromáticas mudam de cor conforme a temperatura. Essa modalidade de material é bastante utilizada em peças publicitárias de papel, mas também pode ser usada em tecidos. A tinta pode ser aplicada manualmente ou por serigrafia.

Normalmente, misturamos pigmentos para tecido com tintas termocromáticas para obter o efeito da tinta mudando de uma cor para outra. Por exemplo, se misturarmos pigmento normal vermelho com uma tinta termocromática amarela, vamos obter uma tinta que muda de laranja para vermelho.

FOTOCROMÁTICOS

Tintas e pigmentos fotocromáticos escurecem na presença de luz UV. Esse material é utilizado bastante na indústria de brinquedos e decoração, com produtos que mudam de cor quando expostos ao sol. Para aplicação no corpo, uma série de exigências em relação à toxidade do material precisa ser respeitada.

"Material inteligente" é uma expressão genérica para se referir a um material que detecta e reage às condições do meio ambiente ou a algum estímulo externo (HU; MONDAL, 2006). O estímulo pode ser mecânico, térmico, químico, elétrico, magnético ou vindo de outro tipo de fonte.

Os materiais inteligentes podem ser classificados em diversas categorias – por exemplo, de acordo com a sua capacidade de transformação.

Uma das categorizações mais aceitas divide-os em três grandes grupos:

» inteligentes passivos: detectam mudanças no meio ambiente (sensores);

» inteligentes ativos: mudam suas propriedades de acordo com estímulos externos (atuadores);

» superinteligentes: detectam mudanças no meio ambiente e mudam suas propriedades de acordo com elas, criando um comportamento. Todo o processo deve ocorrer no mesmo material (sensor + atuador).

HIDROCROMÁTICOS

Os materiais hidrocromáticos mudam de cor na presença de água – não confundi-los com hidrofóbicos, que são os materiais que repelem água.

3.4.
MATERIAIS BIOLÓGICOS
COLABORAÇÃO DE ANGELA BARBOUR

A indústria de moda é uma das maiores poluidoras do mundo. Os processos utilizados na manufatura e no tingimento dos tecidos muitas vezes envolvem produtos e procedimentos altamente danosos para o meio ambiente.

Os mares e rios estão absolutamente contaminados com microfibras provenientes da indústria têxtil e do descarte de sobras das confecções e do usuário final, que prefere comprar uma nova roupa do que reciclar a própria.

Durante muito tempo pensou-se que progresso era sinônimo de aumento de produção e consumo, e este pensamento levou a uma moda fugaz que se renova não mais a cada estação, mas a cada semana.

Desde a descoberta do petróleo, o plástico assumiu um papel essencial na indústria, aparecendo por muitos anos como sinal desse progresso e como possível resolução para todos os problemas.

Agora, com o nosso meio ambiente totalmente contaminado, faz-se absolutamente necessário pensarmos em materiais mais sustentáveis e biodegradáveis e repensarmos a produção industrial, em busca de uma economia circular que não descarte, mas recicle, agregando valor, para inverter o sentido do processo.

Muitas propostas surgiram a partir dessa tomada de consciência, porém muitas delas não chegam sequer a cumprir seu papel primário.

Não podemos resolver os problemas que estamos enfrentando sem repensar materiais antigos e propor novos. O desenho de novos materiais, com novas propriedades e, principalmente, sustentáveis do ponto de vista ambiental, social e econômico é imprescindível.

As ciências biológicas, em especial o campo da biotecnologia, apresentam possibilidades que estão já revolucionando os materiais e, como consequência, criando produtos mais sustentáveis. Nessa perspectiva, é fundamental a colaboração de biólogos, químicos, bioquímicos e cientistas do material com designers e artistas.

Do ponto de vista do modo de produção, podemos dividir os materiais entre os desenhados e os cultivados.

Os materiais desenhados são aqueles que resultam de processamento químico ou físico de componentes, ou mesmo de biofabricação. São alguns exemplos os bioplásticos, o couro de peixe, o couro de frutas e as fibras em spray. Já os materiais cultivados são oriundos de processos de cultivo de plantas ou cultura de fungos ou bactérias, por exemplo. Nesse grupo encontramos a kombucha, o micélio, o couro artificial (não confundir com os couros falsos à base de petróleo), a fibra da aranha desenvolvida em laboratório e até mesmo os tecidos animais cultivados em laboratório. A seguir, veremos em mais detalhes alguns dos biomateriais.

BIOPLÁSTICO
COLABORAÇÃO DE ANGELA BARBOUR

Plástico, do grego *plastikós*, refere-se às propriedades de moldabilidade ou mudança da forma física do material.

Bioplástico é um tipo de polímero produzido a partir de materiais de origem biológica, em geral macromoléculas. Sua estrutura nativa, os biopolímeros, possibilita que o material possa ser biodegradável e se transforme depois de descartado, diferentemente dos plásticos tradicionais ou oriundos do petróleo.

Estes últimos formam grandes cadeias orgânicas (de átomos de carbono), unidas em muitas direções por ligações químicas covalentes, ou seja, não se desfazem facilmente, não são biodegradáveis.

Por isso o plástico não consegue ser consumido por sistemas biológicos, por bactérias, fungos e todos os micro-organismos que compõem nosso ecossistema e reciclam matéria orgânica, propiciando que moléculas e átomos sejam reaproveitados pela natureza, e não apenas permaneçam inertes "poluindo" o sistema.

Importante salientar essas nuances, pois, na ânsia de produzirmos novos materiais, podemos nos deparar com propostas que não solucionam completamente o problema.

Um exemplo disso é o chamado "plástico verde", que apenas é produzido a partir de fontes renováveis, em vez de combustíveis fósseis, mas que também podem não ser biodegradáveis e, portanto, apenas amenizam o impacto sob o prisma de sua fonte, mas poluem tanto quanto os demais, após sua utilização. Também alguns dos que se dizem biodegradáveis só o são sob certas condições, como em processos de compostagem ou sob certas temperaturas e, portanto, se descartados na natureza diretamente, podem levar quase o mesmo tempo de decomposição que os plásticos "sujos" ou não biodegradáveis.

Todos esses aspectos nos obrigam a refletir ao ver denominações como "verde", "biodegradável", "bioplástico" e "orgânico" sendo tratadas como absolutas.

Sempre salutar fazer-se a pergunta: **Biodegradar em quê?** Pois, se a degradação não for completa, podemos gerar resíduos de plástico ou polímeros menores, os microplásticos, que passam a compor um cenário muito mais grave de poluição química, e não apenas física, o que seria ainda pior e mais difícil de controlar.

Devemos também estar atentos às tentativas de produção de materiais mais sustentáveis, pois muitas vezes eles não são. Um exemplo é o argumento dado pela indústria do plástico de que utiliza materiais naturais em maior porcentagem na receita do que outros, caso específico do PVC, que utiliza "sal marinho" em sua produção. No entanto, isso se dá apenas para a obtenção do cloro que vai ser inserido na molécula na síntese do polivinilclhoride (PVC) ou cloreto de polivinila. Pensar que na produção de determinada quantidade de PVC final utiliza-se muito menos do derivado do petróleo, é apenas um número percentual, pois, como o cloro é um átomo muito mais pesado que o carbono, vai fazer diferença na percentagem final da fórmula.

Cada passo na construção desses novos materiais deve ser, portanto, dado com muita cautela e com uma visão analítico-crítica.

O PLA, ou ácido polilático, obtido da fermentação do amido de milho, é biodegradável e é o bioplástico mais comercializado, utilizado amplamente em diversas áreas, como impressão 3D, embalagens e até materiais cirúrgicos.

A história dos bioplásticos é anterior à do plástico de origem no petróleo: na Antiguidade, os egípcios já construíam seus móveis com gomas de diversas fontes proteicas, como a albumina, a gelatina e a caseína. Na década de 1920, Coco Chanel já utilizava em suas roupas acessórios de um tipo de bioplástico produzido com leite e gelatina, o galalith. Porém este deixou de ser usado quando, na época das guerras, o leite passou a ser um alimento muito escasso e valioso.

Existem diversas fórmulas e receitas de bioplásticos, dependendo da fonte dessas moléculas, como gelatina, ágar-ágar, dejetos alimentícios ou agrícolas, vários tipos de amido e até clara de ovo. O bioplástico é uma alternativa possível para o plástico usual que temos consumido. Pesquisas recentes apontam para soluções do principal problema que a produção de bioplásticos apresentava: sua impermeabilização, pois eles eram solúveis em água.

TUTORIAL

BIOPLÁSTICO À BASE DE GELATINA[1]
(CLARA DAVIS, FABRICADEMY-FABLABBARCELONA)

INSTRUMENTOS E MATERIAIS
- Panelas, colher e fogareiro elétrico
- Corantes alimentícios, extratos tintórios naturais, malhas, tecidos, redes, tintas, pós e pétalas

INGREDIENTES
240 ml de água destilada
48 g de gelatina
12 ml de glicerina líquida

PASSO A PASSO
- Esquente a água na panela.
- Adicione a gelatina devagar, mexendo sempre e lentamente.
- Adicione a glicerina, misturando sempre.
- Mexa até dissolver tudo, verificando se não restam grumos.
- Esquente por 5 minutos, sem deixar ferver, para não fragilizar a gelatina. Após completa dissolução, a solução deve estar límpida.
- Derrame sobre a superfície desejada, como o vidro ou plástico liso, se quiser fazer uma folha uniforme e brilhante.
- Deixe secar em uma sala seca, virando de lado, se possível, para evitar craquelamento.

Após a secagem, retirar delicadamente do suporte.

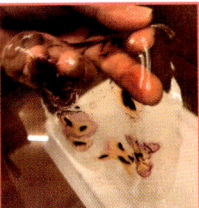

Fotografia: Angela Barbour

Proporção dos ingredientes
Para uma receita de bioplástico básico, a solução deverá ser de gelatina a 20% e glicerina a 5%, em relação ao volume de água.

Proporcionalmente, para 100 ml de água, teríamos:
100 ml de água destilada
20 g de gelatina
5 ml de glicerina líquida

***

Podemos alterar a quantidade de glicerina de acordo com a necessidade, mas quanto mais glicerina, mais modelável o bioplástico e mais resistente; quanto menos glicerina, mais rígido e mais friável (quebradiço) ele será. Com glicerina a 3,3 %, temos o que chamamos de biorresina; a 10%, temos o biossilicone. Acrescentando-se 4% de detergente, temos a bioespuma.

Referência
BARBOUR, A. Relation Between Glycerol Concentration and Final Results. **Textile Academy**. Disponível em: wiki.textile-academy.org/fabricademy2017/students/angela.barbour/week_04._biofabricating_dyes_materials#relation_between_glycerol_concentration_and_final_results. Acesso em: 24 jun. 2019.

OBSERVAÇÕES
- É possível adicionar cores, utilizando tintas, corantes naturais, corantes alimentícios, pigmentos em pó, etc.
- Para adicionar textura, podem ser acrescentados pós naturais, folhas, flores, sementes, etc.
- Secando-se o material em uma superfície lisa, obtém-se um acabamento brilhante; sobre uma superfície com textura, o resultado será uma superfície mate, rústica ou desenhada.

[1] Tutorial disponível em: http://www.materiom.org/recipe/22. Acesso em: 1º ago. 2019.

KOMBUCHA

Kombucha é um material criado do processo de fermentação do chá, a partir de uma cultura de bactérias e fermento (SCOBY). O chá de kombucha é considerado uma bebida saudável, encontrada em produtos de alimentação.

O material já foi testado na indústria de cosméticos, alimentação e tecido biomédico para feridas, mas era, até então, relativamente novo na indústria da moda. A designer Suzanne Lee foi uma das pioneiras nessa pesquisa, iniciada em 2011, com o projeto BioCulture, ao criar uma espécie de couro biofabricado, feito a partir da fermentação da kombucha.

Como resultado, tem-se um material espesso e fibroso, que, ao secar, pode constituir um tipo de couro biofabricado. Em razão da alta quantidade de fibras longas, consequência desse cultivo, e de seu emaranhado absolutamente denso, atinge-se um grau de resistência semelhante ao do couro.

Assim obtém-se um material composto de nanofibras de celulose, que se parece com o couro e que pode ser moldado com o uso de estruturas 3D, completamente biodegradável. Ele pode ser costurado manualmente ou por uma máquina de costura. O desafio dessa tecnologia tem sido tornar o material impermeável e menos suscetível a alterações externas como umidade e temperatura. Experimentos usando cera de abelha têm apontado resultados promissores para a impermeabilização. Um outro desafio tem sido criar processos que atendam às especificidades da técnica para a manufatura em escala comercial.

Figura 14.
Kombucha.
Fotografia: Angela Barbour.

Figura 15.
Peça de lingerie desenvolvida com um material comestível.
Fotografia: Fabricademy.

Figura 16.
Protótipo de camisa usando material Mycotex.
Fotografia: Jeroen Dietz.

Projeto relacionado

Lingerieat (2018), de Catherine Euale e Ana San Román

O projeto une duas necessidades básicas da natureza: comida e sexo. A lingerie foi criada usando um material de bioplástico biodegradável, feito a partir de sobra de comida. O objetivo é proporcionar uma ampliação dos sentidos com o uso de materiais naturais, testar os benefícios do bioplástico e reaproveitamento de comida, e seu papel no futuro da moda e da alimentação.

MICÉLIO

O micélio tem sido a base de muitas inovações no campo da engenharia de materiais. O fungo, encontrado em florestas e que pode ser cultivado em laboratório, adquire características bem diversas, conforme o tratamento a que é submetido. Com o micélio é possível fazer tijolos resistentes e materiais porosos, como isopor, materiais flexíveis para moda e acessórios, e muito mais.

O processo de cultivo e tratamento do micélio demanda laboratório, sendo necessário criar um ambiente controlado para garantir sempre o mesmo resultado. A pesquisadora holandesa Aniela Hoitink desenvolveu em sua empresa, NEFFA, um método de usar o micélio como alternativa de material para a indústria da moda.

OUTROS MATERIAIS DE BASE BIO

A biofabricação de materiais tipo couro oferece uma alternativa real ao uso de couro animal, com qualidades sendo desenhadas minuciosamente. Esse tipo de tecnologia e de conhecimento vislumbra um benefício conjunto.

Com a biotecnologia, a partir da manipulação genética, é possível desenvolver um novo material adequado às necessidades de produção. Isso pode ser a nível bacteriano, quando uma alteração genética ou a introdução de um novo gene em uma bactéria inócua pode fazê-la trabalhar para produzir uma determinada substância ou material. Também o cultivo de tecidos biológicos modificados ou não geneticamente sugere um caminho muito interessante nesse viés de novos materiais: com essa tecnologia, pode-se cultivar um tecido e obtê-lo sem nenhum sacrifício animal. Exemplo desses procedimentos são as pesquisas que cultivam tecidos para serem usados em testes biológicos da indústria de cosméticos, em vez de utilizar animais.

Como desenvolver um projeto vestível

PARTE III

Para desenvolver uma roupa inteligente é inevitável o contato com eletrônica, e por isso nesse capítulo vamos entender um pouco sobre como funciona um circuito eletrônico, seus componentes e como adaptar um simples circuito com um interruptor para um vestível.

Circuito eletrônico é o resultado da ligação de componentes elétricos que realizam uma função. Um exemplo de circuito simples é a ligação de uma bateria a uma lâmpada, porém os circuitos eletrônicos podem ser bem mais complexos e envolver diversos componentes. No entanto, todo e qualquer circuito deve apresentar pelo menos três elementos básicos:

» **Fonte de tensão:** uma fonte de eletricidade para o circuito. Ex.: bateria.
» **Carga:** essa é a parte que consome eletricidade. A carga é o que torna possível a realização da tarefa proposta pelo circuito. Ex.: um led ou um sensor.
» **Caminho condutor:** viabiliza o fluxo da corrente. Esse caminho começa na fonte de tensão, move-se pela da carga e volta à fonte. A direção do percurso vai do lado negativo até o positivo. Normalmente é composto por fios ou cabos e, no caso dos vestíveis, pode ser feito também de linha ou tecido condutivo.

Os circuitos são representados graficamente na forma de um diagrama, no qual cada componente e suas conexões são exibidos. O diagrama é útil para entender o circuito e seus componentes. Cada componente é representado por um símbolo. A figura ao lado mostra alguns exemplos:

CIRCUITOS ELETRÔNICOS

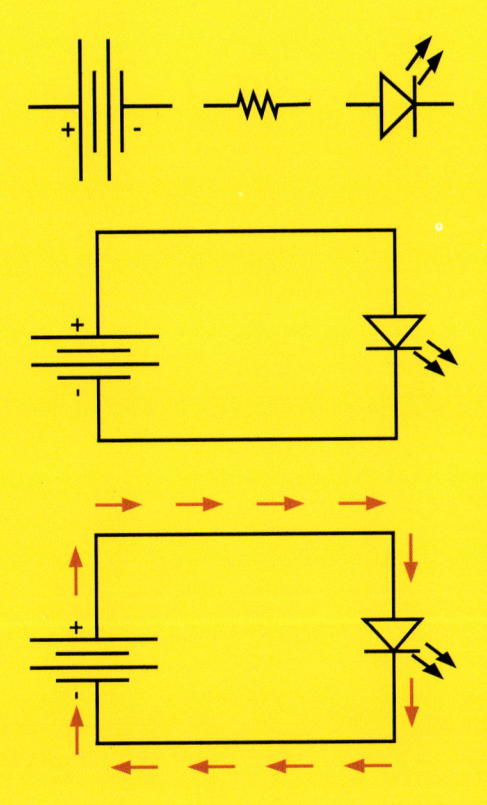

Figura 1.
Símbolos: bateria, resistência e led.
Ilustração: Ricardo O'Nascimento.

Figura 2.
Circuito simples com uma bateria e um led.
Ilustração: Ricardo O'Nascimento.

Figura 3.
Imagem do circuito com flechas.
Ilustração: Ricardo O'Nascimento.

Para desenhar um circuito simples em que um led é alimentado por uma bateria, usamos os símbolos da bateria e do led de acordo com a figura 2. Você vai encontrar diagramas assim quando for procurar por circuitos na internet, e é muito importante saber reconhecer os elementos que os compõem.

Em um circuito, a eletricidade se movimenta do ponto de maior potencial elétrico (+) em direção ao menor (−). Assim, no circuito que estamos analisando, a eletricidade vai fluir do terminal positivo da bateria, passar pelo terminal positivo do led, passar pelo led, sair pelo terminal negativo do led e continuar em direção ao terminal negativo da bateria, ficando nesse loop contínuo até que alguma interrupção ocorra.

Uma característica da eletricidade é a preguiça. Ela sempre escolhe o menor caminho para completar seu percurso. Assim, se houver um caminho condutor que contorne o led, a eletricidade irá escolher esse caminho.

O problema de um circuito como o representado na figura 4 é que não há a presença de uma carga, e essa configuração irá criar o que chamamos de curto-circuito. Curto-circuito é algo que devemos evitar porque, além de não fazer o circuito funcionar, pode gerar uma descarga rápida na bateria, aquecimento e até fogo.

Agora que já sabemos ler o diagrama, podemos passar para o circuito real. Para montar o circuito eletrônico da figura 4, precisamos de dois componentes: uma bateria moeda 3 V e um led. Para saber mais sobre led, consulte o capítulo 3.

Para fazer o led acender, precisamos conectar o lado negativo da bateria com o lado negativo do led, e fazer a mesma coisa com o lado positivo. Quando fazemos isso, o led vai acender.

Parabéns! Esse é o seu primeiro circuito eletrônico e podemos fazer coisas bem interessantes com ele, como um Led Throwie.

Figura 4.
Imagem de um curto-circuito.
Ilustração: Ricardo O'Nascimento.

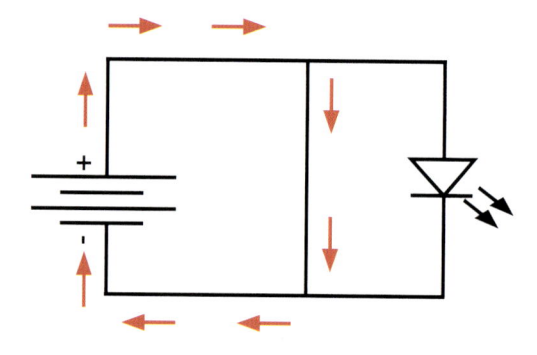

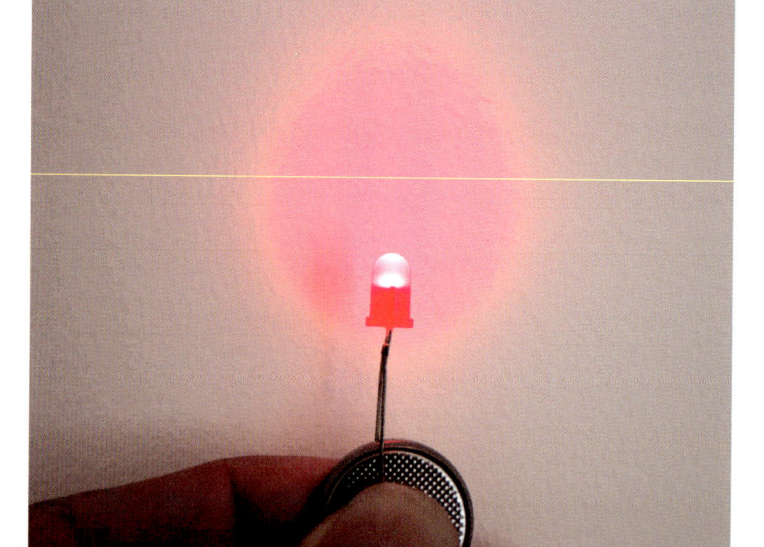

Figura 5.
Led e bateria moeda.
Fotografia: Ricardo O'Nascimento.

Figura 6.
Led aceso com os terminais em contato com a bateria.
Fotografia: Ricardo O'Nascimento.

TUTORIAL

LED THROWIES

O coletivo Grafitti Research Lab (http://www.graffitiresearchlab.com/blog/projects/led-throwies-ii/) inventou uma maneira barata e criativa de adicionar cor a qualquer superfície metálica. Eles criaram o throwie. O throwie é composto por esse circuito que acabamos de ver, acoplado a um imã. Dessa forma, quando o throwie é jogado contra uma superfície metálica, ele gruda, criando um efeito colorido muito bonito.

INSTRUMENTOS E MATERIAIS
» 1 led
» 1 fita adesiva
» 1 imã
» 1 bateria 3 V (tipo moeda)

PASSO A PASSO

1. **Conectar o led à bateria**
   Conecte o led à bateria. O terminal positivo da bateria com o ânodo do led e o terminal negativo da bateria com o lado catodo do led. O terminal da bateria possui uma área maior que o negativo. Preste atenção para que o catodo do led não toque acidentalmente o terminal positivo da bateria. Isso poderia causar um curto-circuito e um mau funcionamento do led. Utilize leds de cores diferentes para um efeito colorido.

2. **Fixar o led com fita adesiva**
   Corte um pedaço no comprimento de aproximadamente 10 cm de fita e enrole-a ao redor das pernas do led, dando algumas voltas até acabar a fita. Mantenha o led bem apertado enquanto aplica a fita adesiva. O led não pode estar piscando. Se isso acontecer, aperte um pouco mais.

3. **Conectar o imã**
   Corte mais um pedaço de fita de aproximadamente 8 cm. Coloque o ímã no lado do terminal positivo da bateria e enrole-o com a fita. Certifique-se que esteja bem preso.

Pronto. Faça algumas peças e saia por aí atirando leds em estruturas metálicas. Essa pode ser uma atividade bem divertida de fazer com amigos. Dependendo da cor do led, eles ficarão acesos por até duas semanas. Se você não quiser jogar os throwies por aí, você pode colocá-los na sua bicicleta e pedalar noite afora.

Um ponto negativo dessa atividade é que ela gera lixo eletrônico, o que não é saudável para o meio ambiente. Para contornar esse problema, jogue os throwies em um lugar onde possam ser recolhidos posteriormente, para serem descartados de maneira adequada.

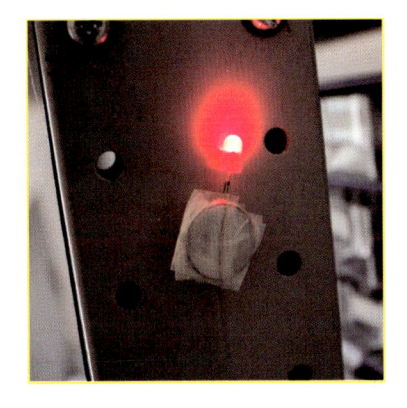

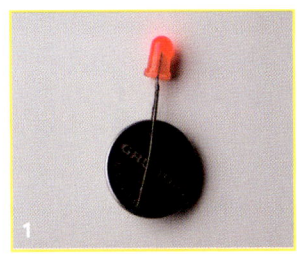

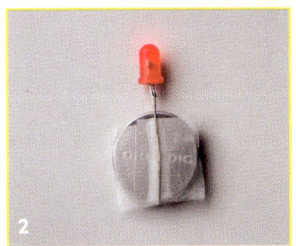

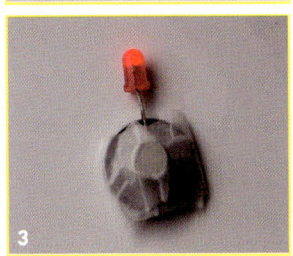

4.1. LEI DE OHM

O exemplo anterior mostra uma maneira rápida e simples de criar um circuito. No entanto, para construir um circuito de maneira correta, precisamos prestar atenção em três dados:

Tensão elétrica: é a diferença de carga elétrica entre dois pontos, medida em volts (V).

Corrente: é a quantidade de elétrons passando em algum ponto específico. Ela é medida em ampères (A) ou miliampères (mA).

Resistência: é a característica de alguns materiais de atrapalhar o fluxo da eletricidade. Ela é medida em ohms (Ω).

Segundo a Lei de Ohm, a tensão elétrica (V) é igual à corrente (I), multiplicada pela resistência (R).

$$V = I \times R$$

ou

$$I = \frac{V}{R}$$

ou

$$R = \frac{V}{I}$$

Como podemos perceber pela Lei de Ohm, o circuito que fizemos faz o led receber uma quantidade de eletricidade maior do que o necessário, e isso acaba por diminuir o tempo de funcionamento do led. Para resolver esse problema, precisamos adicionar um resistor ao circuito. O resistor é um componente eletrônico que cria uma barreira para a fruição dos elétrons e regula a quantidade de eletricidade que o circuito usa. Encontramos resistores de diversos valores que podem ser usados individualmente ou combinados entre si.

Para descobrir o valor do resistor que temos de colocar no circuito, utilizaremos a Lei de Ohm.

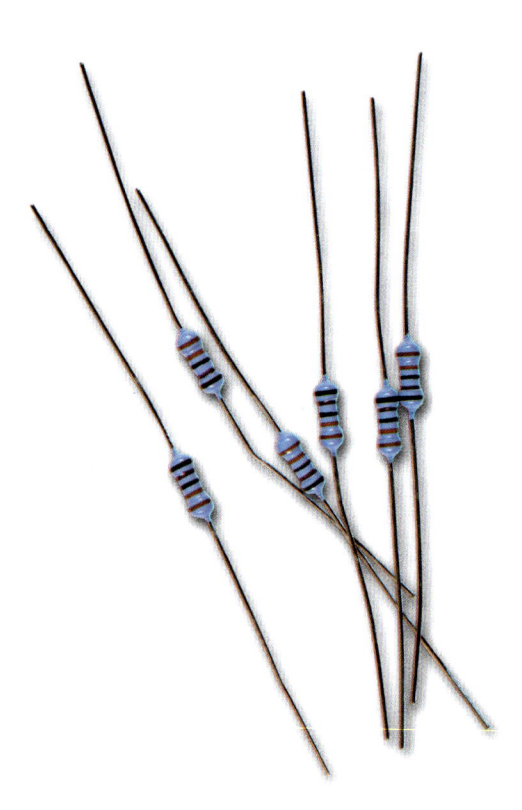

Figura 7.
Resistores de diversos valores.
Fotografia: Ricardo O'Nascimento.

4.2. RESISTORES

Para descobrir a resistência, precisamos primeiro calcular a diferença do valor da tensão elétrica da carga (Vs) e a tensão elétrica utilizada pelo led (Vf), de acordo com a equação:

$$R = \frac{(Vs - Vf)}{I}$$

No nosso caso, a carga é de 3 V, providenciada pela bateria moeda. A tensão elétrica utilizada pelo led deve ser conferida na folha de dados do componente. A folha de dados ou data sheet é um documento fornecido pelo fabricante com todas as informações técnicas a respeito do componente, como tolerância elétrica, configurações dos pinos, diagramas mecânicos, aplicações e performance.

Então, de acordo com a folha de dados, a tensão (Vf) do led está entre 1.8 V e 2.2 V. Tomemos 2 V como medida. O led utiliza de 17 a 17 mA de corrente. Utilizaremos 20 mA para os nossos cálculos. Com esses valores, a equação ficaria assim:

$$R = \frac{(Vs - Vf)}{I}$$

$$R = \frac{(3V - 2V)}{0{,}017\ A}$$

$$R = 58.82\ \Omega$$

Segundo os nossos cálculos, precisaríamos criar uma resistência de aproximadamente 58 Ω. Os resistores vêm em diferentes valores e nem sempre eles correspondem exatamente ao resultado dos cálculos. Na maioria dos casos, a exatidão das resistências não é o único fator que determina a qualidade do circuito e aumenta o

> Os leds trocam elétrons por fótons, ou seja, luz. Assim como as baterias possuem diferentes tensões elétricas, dependendo dos componentes químicos, os leds também possuem uma tensão única (Vf) que opera em uma tensão elétrica diferente, conforme sua composição química. A tabela a seguir mostra os valores aproximados. Para ter certeza quanto ao valor exato da tensão do led, o mais indicado é consultar a folha de dados do fabricante.
>
> **Quadro I – Cor × tensão única dos leds**
>
> | Cor | Tensão única (Vf) |
> |---|---|
> | Vermelho e laranja | 1,8 |
> | Amarelo | 2,1 |
> | Verde | 2,2 |
> | Azul e ultravioleta | 3,3 |

tempo de vida dos componentes. Para resolver esse impasse, eu utilizo um valor maior mais próximo. Uma outra opção é combinar resistores de diferentes valores.

O nosso diagrama do circuito com o led ficaria assim:

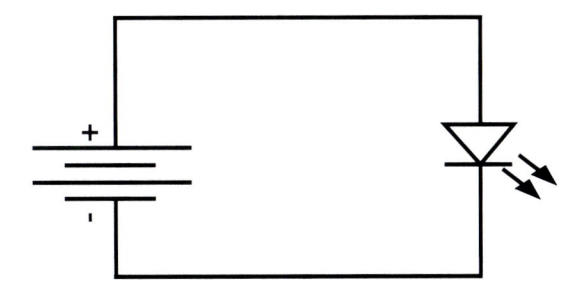

Figura 8.
Diagrama de um circuito com um led.

E como reconhecer o valor de um resistor?

O resistor é marcado com um código de cor que indica seu valor, conforme a tabela:

Figura 9.
Tabela com código de cores do resistor.
Fotografia: Ricardo O'Nascimento.

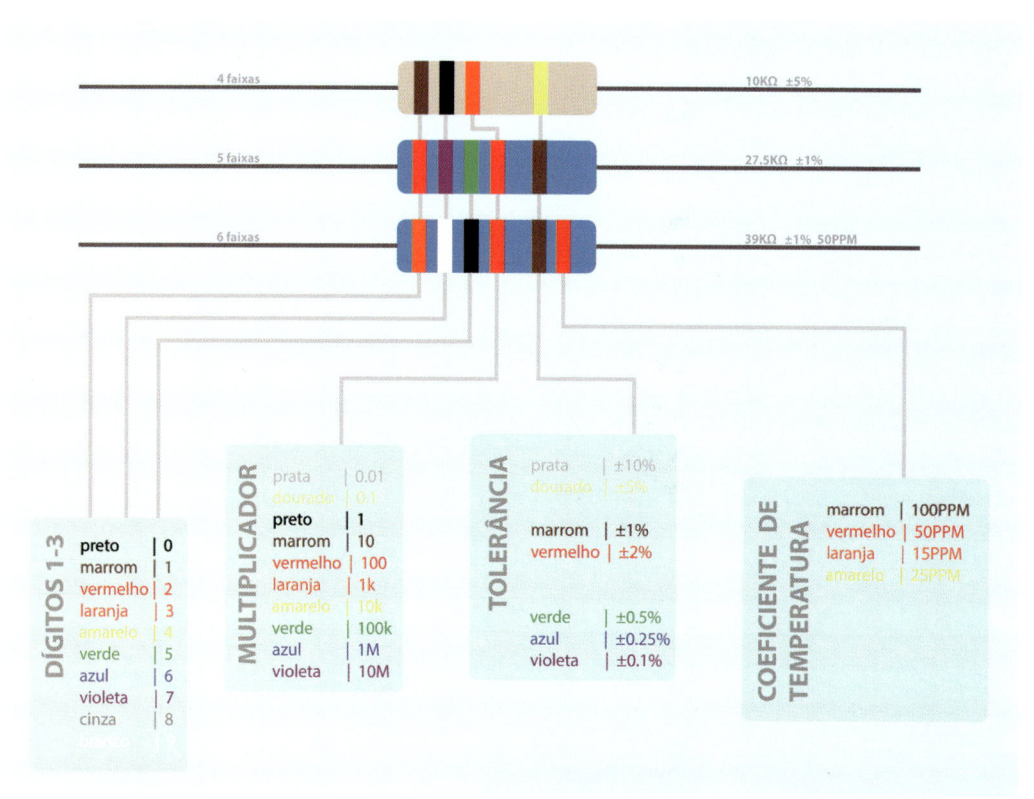

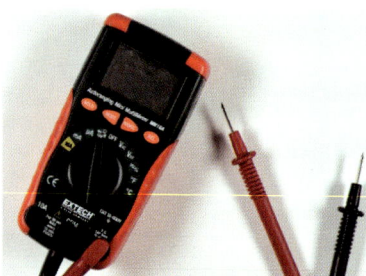

DÍGITOS 1-3	
preto	0
marrom	1
vermelho	2
laranja	3
amarelo	4
verde	5
azul	6
violeta	7
cinza	8

MULTIPLICADOR	
prata	0.01
dourado	0.1
preto	1
marrom	10
vermelho	100
laranja	1k
amarelo	10k
verde	100k
azul	1M
violeta	10M

TOLERÂNCIA	
prata	±10%
dourado	±5%
marrom	±1%
vermelho	±2%
verde	±0.5%
azul	±0.25%
violeta	±0.1%

COEFICIENTE DE TEMPERATURA	
marrom	100PPM
vermelho	50PPM
laranja	15PPM
amarelo	25PPM

Figura 10.
Multímetro.
Fotografia: Ricardo O'Nascimento.

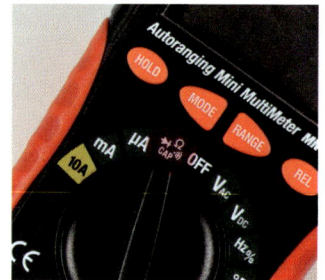

Figura 11.
Símbolo da continuidade em um multímetro.
Fotografia: Ricardo O'Nascimento.

Figura 12.
As pinças devem se tocar de acordo com a imagem.
Fotografia: Ricardo O'Nascimento.

4.3.
COMO USAR UM MULTÍMETRO

Como a eletricidade é um fenômeno invisível, precisamos de uma ferramenta para medi-lo, o multímetro. O multímetro, como mostra a figura 10, é usado para detectar a continuidade entre dois pontos e também medir a tensão elétrica, a resistência e a corrente, entre outros fenômenos elétricos.

CONTINUIDADE

Continuidade é quando dois componentes eletrônicos estão conectados. Testar a continuidade é algo que fazemos com frequência para verificar se nossos circuitos estão corretos. Utilizar o multímetro para testar a continuidade é muito prático, porque o aparelho emite um som quando a conexão está feita, e não emite nenhum som se há alguma interrupção no caminho que a eletricidade deveria percorrer.

Testar a continuidade do seu circuito é essencial para investigar se existe algum curto-circuito. Por isso, é recomendável que seja feito antes de ligar o circuito à fonte de alimentação.

Para testar a continuidade, procure no seu multímetro o símbolo que aparece na figura 11.

Toque as pinças vermelha e preta. Se você ouvir um som (bip), o modo selecionado é o correto.

> Testar a continuidade é uma ótima maneira de verificar se um material é condutivo ou não. Se apitar, significa que o material é condutivo. Se estiver em dúvida se uma linha ou tecido é condutivo ou não, utilize esse método para esclarecer sua dúvida.

RESISTÊNCIA

Já sabemos que a resistência impede a movimentação dos elétrons e regula a tensão para que o componente eletrônico funcione de maneira eficiente. A resistência é medida em ohms (Ω) e pode ser mensurada utilizando o multímetro.

Para medi-la, procure pelo símbolo de ohm (Ω). Se for um multímetro com seleção de áreas de resistência, você vai ter que escolher a que melhor se adeque à resistência que você está querendo medir.

Existem multímetros com auto range, que selecionam automaticamente a área de medição. Esses modelos são mais práticos, porém mais lentos na medição.

Podemos testar alguns sensores medindo sua resistência. Quando construímos um sensor com tecidos, por exemplo, é assim que vamos testar o seu funcionamento.

> A resistência somente pode ser medida se não houver eletricidade no circuito. A leitura é feita colocando um pouco de corrente no circuito – se já houver corrente, a leitura será errada.
>
> Também é importante que tenha sempre uma bateria carregada em seu multímetro, pois baterias com carga baixa podem gerar leituras errôneas.

TENSÃO ELÉTRICA

Tensão elétrica é o potencial energético de um circuito e o que faz os elétrons se moverem dentro de um circuito eletrônico. A tensão elétrica é medida em volts (V) e é usada para fornecer eletricidade em um circuito ou transmitir dados.

Existem dois tipos de tensão elétrica, a corrente alternada (CA) e a corrente contínua (CC). Basicamente, corrente alternada é aquela fornecida por uma tomada na parede de sua casa, e a corrente contínua é aquela fornecida por pilhas e baterias.

Medir a tensão elétrica pode ser muito útil para saber se uma bateria está carregada, para verificar se o seu circuito está recebendo eletricidade suficiente ou para investigar se sua fonte de alimentação está funcionando, entre outras coisas.

Para medir a tensão elétrica, devemos procurar o símbolo de volts (V) no multímetro.

Preste atenção ao selecionar tensão elétrica CC ou CA.

Como exercício, vamos medir a tensão elétrica de uma bateria de 9 V, conforme mostra a figura 14.

Se o visor não mostrar exatamente 9 V, não significa que o multímetro está quebrado. O valor 9 V é uma média, as baterias 9 V na verdade começam em 9.5 V e vão decaindo até 7 V.

Para medir a tensão elétrica, o circuito precisa estar necessariamente sendo alimentado.

A tensão elétrica é sempre medida entre dois pontos. Assim, precisamos utilizar as duas pinças. Para testar a tensão elétrica em determinado local, uma das pinças deve ser conectada ao "terra" (ground) e a outra no "ligar", onde está se querendo medir.

Figura 13.
Detalhe com o símbolo de V em um multímetro.
Fotografia:
Ricardo O'Nascimento.

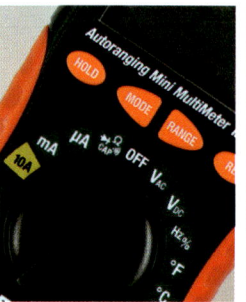

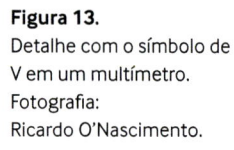

Figura 14.
Para medir a tensão elétrica, colocamos as pinças nos dois terminais da bateria.
Fotografia:
Ricardo O'Nascimento.

4.4.
MONTAGEM DE CIRCUITO

Agora que já sabemos como identificar os componentes de um circuito no diagrama, podemos construir o circuito com materiais. O primeiro passo, quando construímos um circuito real, é montar um protótipo em uma protoboard.

Protoboard ou breadboard é uma base de plástico perfurada na qual podemos acoplar componentes eletrônicos para testar circuitos, sem a necessidade de soldá-los. A protoboard possui uma malha com conexões metálicas na parte de baixo. A parte exterior possui duas colunas conectadas verticalmente, que normalmente são utilizadas para o positivo e o negativo da fonte de alimentação. No centro da placa, as linhas são conectadas horizontalmente e é onde espetamos os nossos componentes. Na figura 15, vemos como essas conexões estão dispostas.

Para montar o circuito com o led que estamos utilizando como exemplo neste capítulo, precisamos dos seguintes materiais:

» 1 bateria moeda (CR2032)

» 1 suporte de bateria (AF 653, DK BA2032SM-ND, SF DEV-08822)

» 2 pinos machos

» 1 cabo jumper

» 1 resistor de 100 Ω

» 1 led amarelo

Separe dois pinos machos e o suporte de bateria.

Coloque os dois pinos machos na protoboard de forma que se encaixem na abertura do battery holder, conforme a figura 17.

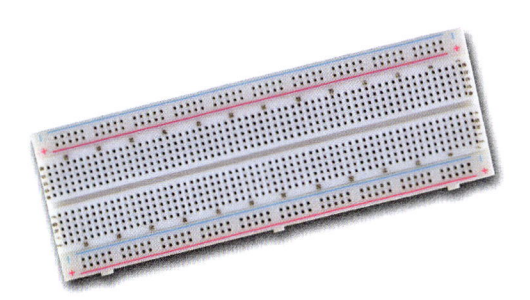

Figura 15.
Protoboard com conexões.
Fotografia:
Ricardo O'Nascimento.

Figura 16.
Detalhe do battery holder.
Fotografia:
Ricardo O'Nascimento.

Figura 17.
Detalhe de como conectar o case da bateria na protoboard.
Fotografia:
Ricardo O'Nascimento.

Solde os pinos machos no battery holder.

Use os fios jump para conectar o positivo e o negativo da bateria nas respectivas trilhas da protoboard.

Separe o resistor e corte parte das pernas, para que não fique sobrando. Cuidado para não cortar muito.

Encaixe o resistor, o cabo jumper e o led de acordo com a figura 21. Cuidado para não inverter a polaridade do led. A perna mais curta deve ir para o lado negativo.

Agora basta colocar a bateria e ligar o seu circuito.

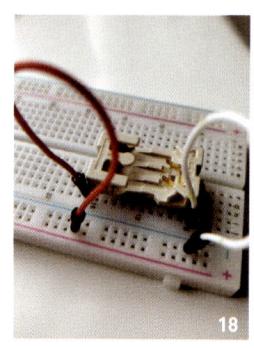

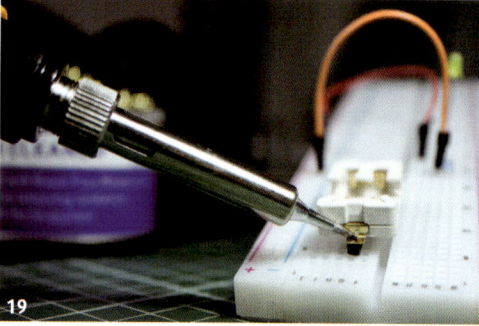

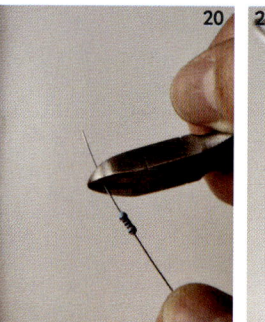

Figura 18.
Detalhe do processo de solda dos pinos.
Fotografia:
Ricardo O'Nascimento.

Figura 19.
Fios jump conectando com a protoboard.
Fotografia:
Ricardo O'Nascimento.

Figura 20.
Detalhe do corte das pernas do resistor.
Fotografia:
Ricardo O'Nascimento.

Figura 21.
Montagem do circuito na protoboard.
Fotografia:
Ricardo O'Nascimento.

CIRCUITO COM MATERIAIS FLEXÍVEIS

O circuito que acabamos de montar na protoboard tem como principal objetivo testar o seu funcionamento. Agora que já sabemos que funciona (o led acendeu!), passaremos para a segunda fase do desenvolvimento de um vestível: criar o circuito usando materiais flexíveis.

Essa fase é muito importante, porque o corpo é dotado de curvas. A protoboard ou até as placas de circuitos tradicionais são rígidas e não se conformam a esse corpo. Essa questão se torna ainda mais importante se pensarmos no corpo em movimento. Placas rígidas e de quinas pontudas não combinam com a fluidez do corpo humano.

TUTORIAL

BORDADO ELETRÔNICO

INSTRUMENTOS E MATERIAIS

- » Pedaço de tecido*
  (15 cm × 15 cm)
- » Tesoura
- » Agulha
- » Linha condutiva
- » Suporte de bateria
- » Led
- » Resistor de 100 Ω
- » Esmalte de unha transparente

* Quanto mais grosso o tecido, mais fácil é o bordado, e mais estável, o circuito.

PASSO A PASSO

Para criar esse circuito, utilizaremos uma técnica de bordado técnico simples. O primeiro passo é preparar os componentes eletrônicos para serem fixados no tecido. Como estamos utilizando componentes feitos para serem soldados em uma placa de metal, temos de criar manualmente as estruturas que possibilitam o bordado.

- » Começando com o led. Separe as pernas do led com um alicate.
- » Com a ponta do alicate, crie um círculo e vá enrolando a perna de metal até formar um círculo perto do corpo do led.
- » Repita o processo em ambos os lados e faça a mesma coisa com o resistor.
- » O próximo passo é colocar todos os componentes em cima do pedaço de tecido e desenhar com um lápis para tecido o caminho que iremos bordar com a linha condutiva.
- » Depois de identificadas as posições de todos os componentes eletrônicos e traçado o caminho que o bordado deve fazer, podemos começar a bordar e a acoplar os componentes no tecido. Nessa fase, é muito importante que os componentes estejam bem presos ao tecido, por isso recomendo passar a agulha pelo menos três vezes em cada conexão.
- » Use um pedaço de linha separado para cada conexão e termine dando pelo menos dois nós, e deixe sobrando alguns centímetros em cada conexão. O bordado deve ser o mais limpo e tenso possível. Bordados frouxos fazem com que o circuito não funcione direito. Esse é um processo que requer muita paciência. Quando terminar todo o bordado, coloque uma gota de esmalte de unha transparente em cada nó. Isso evitará que eles se soltem.
- » Depois de deixar secar, corte o excesso de linha e deixe o bordado o mais limpo possível. A maioria das linhas condutoras tem a tendência de enrolar. Por isso é importante que o bordado seja feito devagar, desenrolando a linha sempre que possível. Na figura, veja como fica o ciurcuito finalizado.

» *Ao enrolar a pernas do led, tome cuidado para lembrar o lado positivo e o lado negativo. Se por acaso você se confundir, basta olhar dentro da parte translúcida. A perna que estiver do lado do triângulo pequeno é a perna do lado negativo.*

» *O resistor não é direcional, ou seja, tanto faz a posição em que é colocado no circuito.*

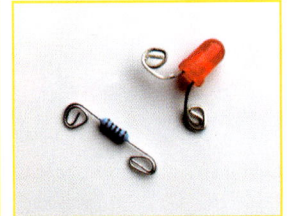

Antes de começar a bordar, certifique-se de que a cabeça da agulha passa por todos os componentes.

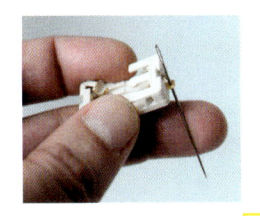

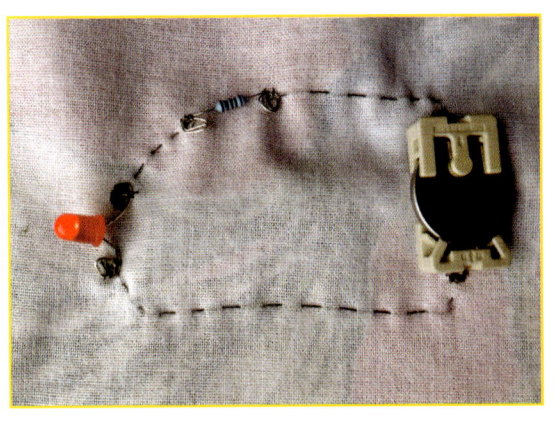

4.5. INTERRUPTORES – INTERAÇÃO BÁSICA

Um modo simples e eficiente de se colocar uma interatividade em um wearable é utilizando um "interruptor". O interruptor é um corte no circuito eletrônico que impede a eletricidade de fluir, e assim pode ligar e desligar o circuito. Um exemplo é o interruptor de luz que encontramos nas paredes e usamos para acender a luz. Quando a luz está acesa, a eletricidade flui livremente no circuito elétrico, e a lâmpada é alimentada. Quando a luz está apagada, a eletricidade não flui, e a luz não se acende.

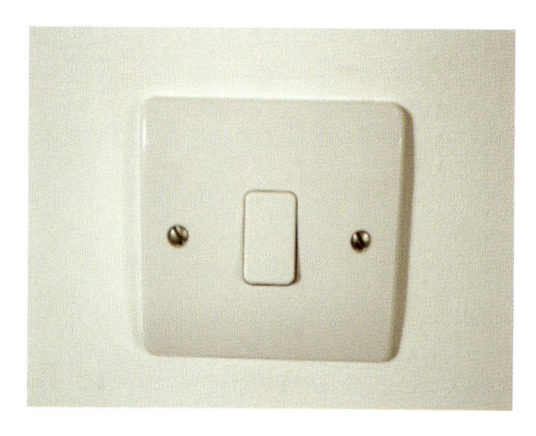

Figura 22.
Interruptor de luz de parede.
Fotografia: Ricardo O'Nascimento.

INTERRUPTOR TEMPORÁRIO

O interruptor temporário é um sistema no qual o corte no circuito eletrônico é ativado temporariamente. Um exemplo de interruptor temporário é o botão de pressão, quando o sistema é acionado enquanto e somente se o botão permanecer pressionado.

Existem diversas maneiras de se criar um interruptor temporário usando materiais condutivos e flexíveis.

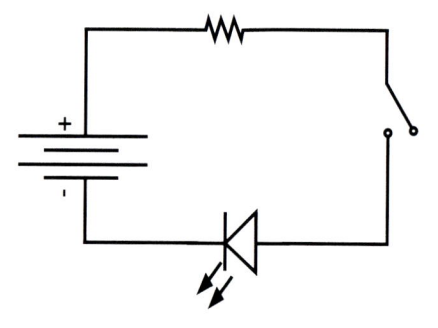

Figura 23.
Imagem do circuito com o interruptor temporário.
Fotografia: Ricardo O'Nascimento.

> **Um uso bem interessante dessa técnica é associar o ato de apertar o botão com algum gesto ou movimento corporal. Você pode adaptar o tutorial a seguir fazendo uma camiseta que acende quando duas pessoas se abraçam. Nesse caso o interruptor estaria na barriga ou nas costas.**

LUVA PARA BIKE

Este tutorial, adaptado do projeto de Irene Posh, utiliza as partes do kit Nana para construir uma luva para os ciclistas ampliarem sua visibilidade no trânsito. Costurada com linha condutiva, a luva permite que um movimento com a mão feche o circuito, acendendo um led. Esse é um exemplo de interruptor temporário. Também é possível confeccionar as conexões utilizando as técnicas de circuito flexível, abordadas no capítulo 11.

» O passo a passo pode ser encontrado em: http://www.nana-kit.com/luvaparabike#/

INTERRUPTOR PERMANENTE

O interruptor permanente é bem parecido com o interruptor temporário, porém, uma vez acionado o fluxo de eletricidade, permanece livre até que o interruptor seja acionado novamente. O exemplo do interruptor de luz que demos anteriormente é um interruptor do tipo permanente. Esse tipo de interruptor é bastante útil para ligar e desligar sistemas de computação vestíveis.

Se você não tiver acesso a um tecido condutivo, uma opção barata e fácil de encontrar é o papel alumínio, que conduz eletricidade muito bem. No entanto, é necessário um cuidado extra no manuseio do material, em virtude de sua fragilidade.

COLAR COM LEDS

Nesse tutorial, o próprio fecho funciona como interruptor, fechando o circuito e acendendo os leds.

INSTRUMENTOS E MATERIAIS
- 1 suporte para bateria
- 3 conectores com botão
- 2 leds com conectores

Para a preparação dos conectores
- 1 tira de tecido grosso
- Linha condutiva
- Agulha
- Botão de pressão
- Tesoura
- Multímetro

Para a preparação do suporte de bateria
- 1 pedaço de tecido grosso
- Linha condutiva
- Tesoura

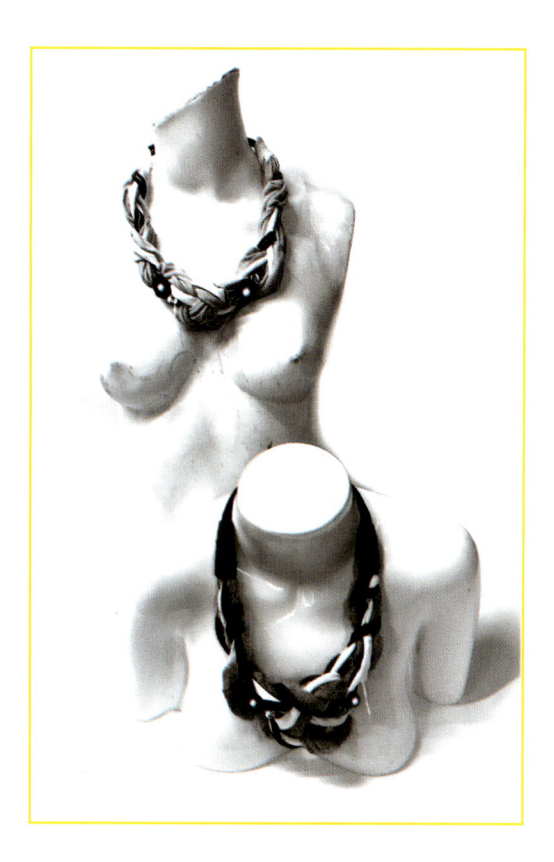

» *Este tutorial também está disponível em: http://www.nana-kit.com/colarcomleds#/.*

PASSO A PASSO

1. PREPARAR OS CONECTORES

» Corte uma tira do tecido, conforme a figura:

» Utilizando uma linha condutiva, borde uma linha de fora a fora na tira de tecido.

» Costure o botão fêmea em um lado da tira.

» Costure o botão macho do outro lado.

» Teste a continuidade entre as duas extremidades utilizando o multímetro (ver capítulo 4).

TUTORIAL

2. PREPARAR O SUPORTE DE BATERIA

» Corte dois pedaços de tecido de acordo com a figura a seguir e borde no desenho hachurado.

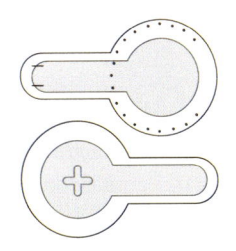

» Sobreponha as peças em posição de encaixe.

» As peças devem ser alinhadas pelo círculo central, com as abas em sentidos opostos.

» Costure a peça deixando um espaço livre para a entrada da bateria, de acordo com a figura:

» As peças devem ser costuradas com o lado da linha condutiva para dentro.

» Costure o botão fêmea de um lado e o botão macho do outro lado.

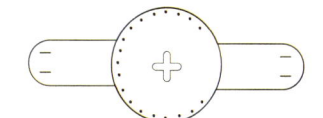

3. PREPARAR OS LEDS COM CONECTORES

» Corte um pedaço de tecido de acordo com a imagem ao lado e coloque o led no centro. Atenção: o círculo tem uma aba maior que a outra! Na imagem, temos o circuito do kit Nana, que pode ser substituído por um led comum com as pernas enroladas (ver tutorial bordado eletrônico) ou por um led costurável.

» Costura do led (lado positivo): passe a linha condutiva na agulha e faça uma costura manual. Inicie no furo do circuito de led (lado positivo) e finalize na extremidade da aba mais comprida da peça.

» Costura do led (lado negativo)

» Aplique o botão fêmea no lado positivo, e o botão macho, no lado negativo.

» Costure o botão fêmea na mesma face onde está o led. Coloque o botão macho na face oposta ao led. Se quiser, pode cobrir com uma outra camada de tecido, deixando um buraco para o led no meio.

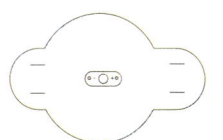

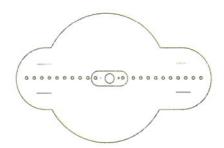

4. MONTAR O CIRCUITO COM OS COMPONENTES

» Conecte o led em cada extremidade do suporte de bateria, e os conectores, em cada extremidade dos módulos led.

5. ACENDIMENTO DOS LEDS

» Para acender o led do colar, encaixe os botões das duas pontas dos módulos conectores, fechando o circuito.

6. ACABAMENTO

» Com o circuito pronto, é possível criar diversas estruturas de design para finalizar o seu colar. Aqui utilizamos técnicas de nós e amarrações com tiras de tecido. O acabamento pode ser feito com as próprias tiras de tecido.

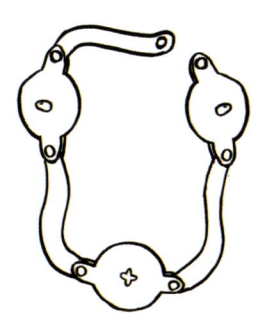

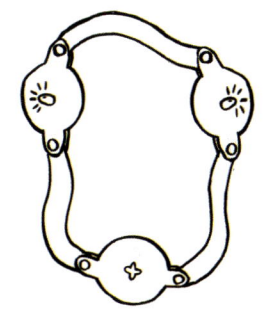

Agora que já sabemos como montar um circuito eletrônico básico, podemos explorar um pouco mais o universo dos sistemas interativos vestíveis. Uma das formas de se implementar um sistema interativo é utilizando uma placa microcontrolada.

A placa microcontrolada é um circuito integrado composto por um núcleo de processador, memória e periféricos programáveis. As placas microcontroladas são utilizadas em serviços e produtos automatizados, aparelhos de cozinha, automóveis e, claro, vestíveis.

Existem diversos tipos de placas microcontroladas e até mesmo microcomputadores que podemos utilizar em nossos projetos de roupa interativa.

Uma das placas microcontroladas mais populares é o Arduino, que veremos em detalhes nas próximas sessões.

5.1.
ARDUINO

Arduino é um projeto open source criado pelo Instituto de Design Interativo IVREA, na Itália, em 2003. A ideia era desenvolver uma ferramenta que fosse barata e facilitasse o uso de interagir com o ambiente, utilizando sensores e atuadores. Em termos práticos, você pode comparar o Arduino com um pequeno computador que você pode programar para interagir com componentes de entrada e saída. O Arduino é usado para computação física, ou seja, para interagir diretamente com objetos e componentes presentes no am-

PLACAS
MICROCONTROLADAS

biente. O Arduino pode ser usado para controlar uma lâmpada ou um liquidificador, por exemplo.

A plataforma Arduino é composta de duas partes: o hardware e o software. O hardware é a placa eletrônica física onde estão o microchip e outros componentes eletrônicos. É nessa placa que iremos conectar os sensores e atuadores para criar as peças interativas.

A outra parte é o software ou IDE (Integrated Development Environment ou Ambiente de Desenvolvimento Integrado), por meio do qual você deve, com base na linguagem de programação, comunicar ao microcontrolador o que ele deve fazer. Veremos mais adiante como utilizar esse ambiente de programação.

O Arduino possui diversos modelos com particularidades específicas. Para conhecer todos os modelos e comparar o que eles têm de diferente, o melhor é visitar o website https://www.arduino.cc/en/Main/Products. Nesse endereço você encontra todos os modelos, separados por categorias.

O Arduino, por ser um projeto de código aberto, possui também diversas placas clone. Essas placas funcionam como um Arduino oficial e às vezes são mais baratas e fáceis de se encontrar. Algumas delas são: Freeduino, Seeeduino, Boarduino, Sanguino e Roboduino. Todas elas podem ser programadas pelo IDE do Arduino.

O modelo "oficial" é o Arduino UNO, que oferece um nível de funcionalidade razoável e é ideal para iniciantes na plataforma.

Figura 1.
Arduino UNO.
Fotografia: Ricardo O'Nascimento.

O Arduino pode ser utilizado para desenvolver sistemas interativos e, no nosso caso, roupas interativas. Nele, vamos conectar sensores e atuadores que funcionarão de acordo com o que a programação determinar.

Apesar de o Arduino UNO não ser muito grande, tem um formato e tipos de conectores incompatíveis com as necessidades da tecnologia vestível de eletrônicos miniaturados, flexíveis e adaptados para o uso com novos materiais condutores.

O Arduino UNO é perfeito para uma primeira prototipagem, mas para embutir o eletrônico na roupa uma opção mais adequada é utilizar uma placa microcontrolada específica para vestíveis.

Para aproximar o universo do hardware com o universo dos tecidos, foi desenvolvido o Lilypad, que teve uma importância muito grande na popularização da tecnologia vestível, tornando a tecnologia acessível a quem quiser utilizar, a um preço relativamente baixo.

Figura 2.
Esquema pinout do arduino UNO.
Fotografia: Ricardo O'Nascimento.

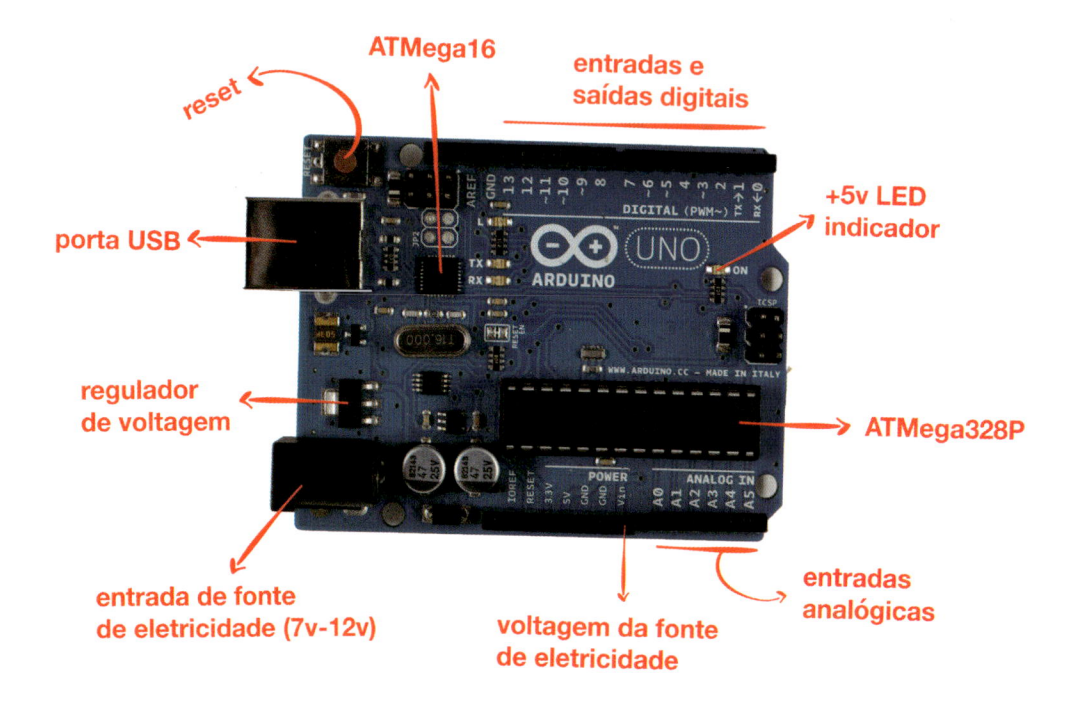

- reset
- ATMega16
- entradas e saídas digitais
- porta USB
- +5v LED indicador
- regulador de voltagem
- ATMega328P
- entrada de fonte de eletricidade (7v-12v)
- voltagem da fonte de eletricidade
- entradas analógicas

O objetivo deste livro não é ensinar a utilizar o Arduino, por isso veremos apenas alguns conceitos mais elementares. Para aqueles que quiserem se aprofundar na programação e na eletrônica que envolve o Arduino, existem diversos livros que explicam em detalhes esses processos – na parte IV desta publicação, em referências, são propostas algumas sugestões.

5.2. ARDUINO LILYPAD

Em 2007, a doutora Leah Buechley, pesquisadora norte-americana do MIT, em parceria com SparkFun Electronics, lançaram o Lilypad no mercado. O desenvolvimento da placa nasceu de uma necessidade educacional de sua criadora, que havia desenvolvido um kit para utilizar com seus alunos e percebeu que os eletrônicos não possibilitavam muita liberdade para seus estudantes. Assim, ela começou a desenvolver o seu próprio microcontrolador de tecido utilizando peças cortadas a laser. Depois de experimentar algumas formas, ela chegou ao formato final do Lilypad como conhecemos hoje.

A placa Lilypad foi criada com as funções do Arduino, porém em tamanho e formato que beneficiam os projetos e conexões para aplicações vestíveis.

A placa possui buracos em suas conexões que permitem que passe uma agulha. Assim, ela pode ser costurada diretamente no tecido. As costuras podem ser feitas com linha condutiva, eliminando a necessidade de fios e cabos.

Ela pode ser programada por meio de um adaptador FTDI (ou de uma Placa Arduino UNO compatível) e depois ganha autonomia para realizar suas rotinas em seus projetos. A placa é baseada no microprocessador ATmega168V ou no ATmega328, dependendo do modelo.

Existem dois tipos de placas: a Lilypad e a Lilypad simples. A Lilypad tem as mesmas saídas e entradas que o Arduino UNO. A Lilypad simples possui um número menor de conexões e foi adicionado um conector JST para a bateria, e um botão de ligar e desligar.

A família Lilypad possui, além do microcontrolador, alguns sensores e atuadores adaptados para serem usados com linha condutiva. Também existem diversos tipos de microcontroladores dentro da família Lilypad, alguns com menos entradas e saídas e outros já pré-programados, como o Lily twinkle.

Para conhecer todos os produtos disponíveis, o ideal é visitar o site do fabricante: https://www.sparkfun.com/categories/135.

Figura 3.
Arduino Lilypad e Arduino UNO.
Fotografia: Ricardo O'Nascimento.

Figura 4.
Lilypad e Lilypad simples.
Fotografia: Ricardo O'Nascimento.

5.3. FLORA

Uma outra linha de eletrônicos para vestíveis é a Flora, da companhia americana Adafruit. Adafruit foi fundada em Nova York pela engenheira Limor "Lady Ada" Fried. A empresa desenvolve eletrônicos para amadores e profissionais e tem investido bastante em vestíveis, especialmente para a comunidade maker.

A placa microcontrolada Flora é baseada no Atmega32u4, o que garante uma pequena melhora na performance, se comparada com sua irmã Lilypad, e tem conexão USB embutida, o que elimina a necessidade de um componente eletrônico extra para conectar com o computador. Uma outra (e grande) vantagem de se utilizar a linha Flora é a extensa documentação e diversos tutoriais no website da empresa.

Figura 5.
Placa microcontrolada Flora.
Fotografia:
Ricardo O'Nascimento.

Figura 6.
Gemma.
Fotografia:
Ricardo O'Nascimento.

A linha Flora foi desenvolvida para integrar facilmente sensores e atuadores em um mesmo projeto. Os sensores disponíveis são diferentes da linha Lilypad, como o acelerômetro, o detector de cores e o GPS. A família possui os populares leds Neopixel, que são endereçáveis individualmente e podem ser conectados em cadeia.

A linha Flora também possui um versão menor e menos potente, chamada Gemma. O Gemma é baseado no chip ATtiny e é ideal para projetos menores, que exigem menos processamento e memória.

5.4. COMO PROGRAMAR?

Todas essas placas microcontroladas que mostramos anteriormente podem ser programadas pelo software Arduino (IDE). Ele roda em Windows, Mac OS X e Linux. O ambiente é escrito em Java e se baseia no Processing, um outro software aberto (disponível em: http://www.processing.org).

O Arduino software (IDE) é gratuito, sendo possível realizar uma doação, no momento em que fizer o download, em http://www.arduino.cc – escolha a versão compatível com o seu sistema operacional.

O IDE permite que você escreva "sketches" (ou rascunhos), instruções que o Arduino deve seguir para executar determinada função. Depois de fazer o upload do código, o Arduino executará esses comandos, interagindo com os componentes que estiverem a ele conectados.

INSTALAR O SOFTWARE NO WINDOWS

Para instalar o software, você precisa estar conectado à internet e fazer o download do IDE mais recente em: https://www.arduino.cc/en/Main/Software.

Você pode escolher baixar o installer (.exe) ou o pacote .zip. O desenvolvedor recomenda que faça o download do installer, uma vez que contém todos os componentes necessários para utilizar o IDE, inclusive os drivers.

Clique duas vezes no arquivo e aguarde o processo de instalação dos drives terminar. Então aparecerá uma tela mostrando opções de componentes que você pode instalar. Escolha aqueles que sejam de seu interesse e clique em *next*.

A próxima tela que irá aparecer é para você escolher onde o programa será instalado. A recomendação é aceitar a sugestão que aparece na tela.

Após a instalação terminar, você pode abrir o programa.

INSTALAR O SOFTWARE NO MAC OS X

Para instalar o software, você precisa estar conectado à internet e fazer o download do IDE mais recente em https://www.arduino.cc/en/Main/Software.

O arquivo está em formato .zip. Se você utilizar o navegador Safari, o arquivo irá se expandir automaticamente. Caso contrário, clique duas vezes para expandi-lo manualmente.

Após expandir o arquivo, arraste o ícone do Arduino para a pasta *Applications*.

Clique duas vezes para abrir o programa. Após abri-lo, o sistema deverá alertar que o Arduino foi baixado da internet e perguntar se você tem certeza de que quer abri-lo. Clique em *open*.

Figura 7.
Tela de alerta do sistema.
Fotografia: Ricardo O'Nascimento.

Continue executando os comandos que aparecerem na tela do seu computador até completar a instalação.

Tour pela interface

Assim que você abrir a interface do IDE, irá aparecer uma tela semelhante à da figura a seguir.

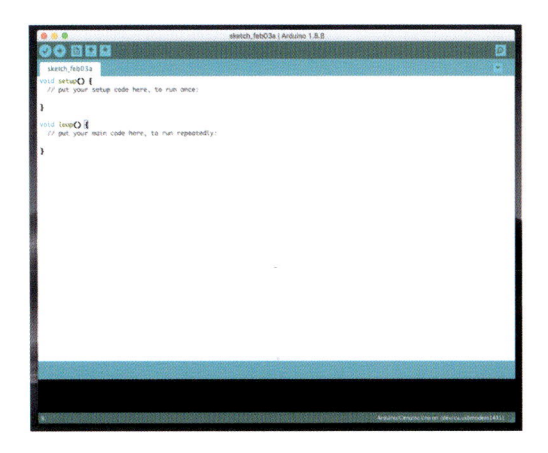

O próximo passo é selecionar a placa que você irá programar. No nosso caso, utilizaremos um Arduino UNO como exemplo (figura 1 deste capítulo). No entanto, se você estiver utilizando uma placa Lilypad ou Flora, terá de selecionar a placa adequada.

Cada placa necessita de um drive para que o IDE consiga reconhecê-la. Para saber onde baixar o drive, visite o website do fabricante e siga as instruções.

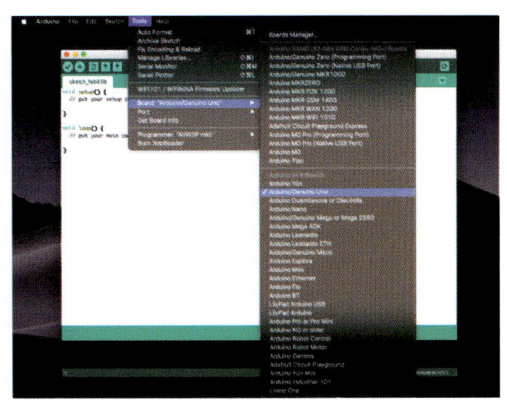

BÁSICO
DE PROGRAMAÇÃO

Para analisar o que há de mais básico na programação em Arduino, clique em:

File → Examples → 01. Basics → BareMinimum

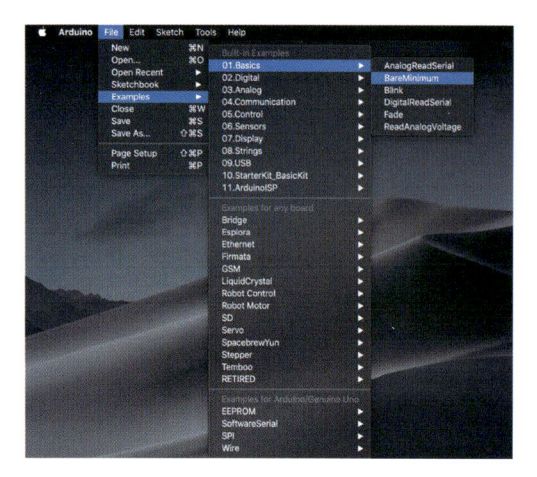

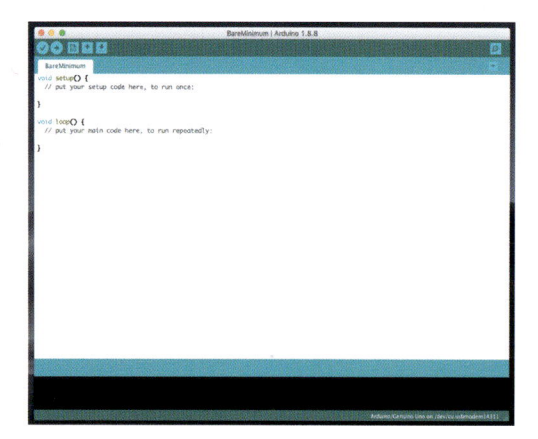

Esse é o esqueleto básico de um programa feito em Arduino. É um ótimo lugar para começar a programar. Uma regra básica quando usamos um exemplo que já vem com o software é salvá-lo com um nome diferente. NUNCA salve por cima do arquivo original!

A estrutura é composta por:

Setup ( )
é nessa área que colocamos os comandos que vão ocorrer quando o programa começar a rodar. Esses comandos acontecem somente uma vez.

Loop ( )
Aqui colocamos os comandos que vão se repetir.

Comentários
Um recurso muito útil são os comentários. Essa parte da programação é uma referência para outras pessoas que vão ler o seu código. Os comentários não são lidos pelo computador. Normalmente, os programadores comentam o código, explicando o que os comandos fazem. Para comentar uma linha, é somente colocar // no começo. Para comentar múltiplas linhas, coloque /* no começo e */ no final. Tudo o que for comentado é convertido em cor cinza.

BLINK

Para abrir o programa, clique em:

File → Examples → 01.Basics → Blink

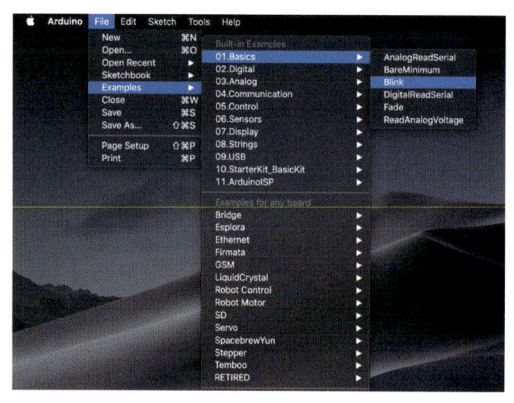

Não se esqueça de que, uma vez aberto, temos de selecionar qual placa estamos utilizando. Você pode selecionar a placa que tiver disponível. Para o nosso exemplo, iremos utilizar um Arduino UNO.

Depois de conectar a placa Arduino ao USB do computador, selecione a porta serial.

Quando a placa correta e a porta serial estiverem selecionadas, você pode subir o programa ao Arduino. Para fazer isso, clique em:

Sketc → upload

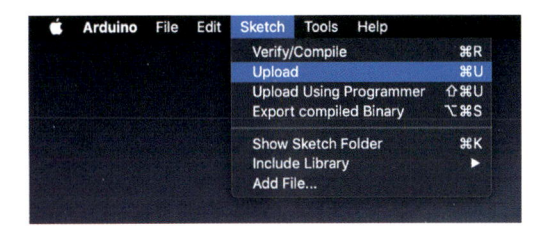

Pouco tempo depois, você irá notar que o led do pin 13 começa a piscar. Se isso acontecer, parabéns! Você acabou de subir seu primeiro programa no Arduino. Se nada acontecer, verifique se a placa e porta corretas estão selecionadas. Se o problema persistir, utilize outro cabo USB.

Esse sketch é bastante simples e bem interessante para começar a programar e entender o funcionamento da linguagem do Arduino IDE.

Agora que você ja subiu seu primeiro sketch do Arduino, procure mudar o código para atingir os seguintes resultados:

» Fazer o led piscar mais devagar, ficando 2 segundos apagado e 2 segundos aceso.
» Fazer o led ficar 1 segundo apagado e 2 segundos aceso.
» Fazer o led piscar mais rápido, ficando 5 segundos apagado e 0,5 segundo aceso.

5.5.
IDE DO ARDUINO

Quando abrimos um sketch novo no Arduino, deparamo-nos com uma janela bem parecida com esta figura:

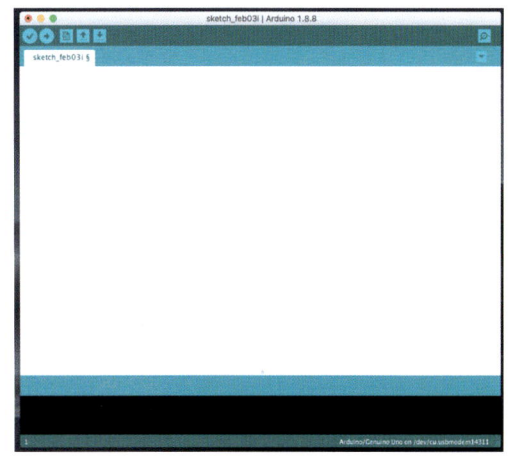

A tela do IDE está dividida em três partes: a toolbar (na parte de cima), a área de programação (sketch window) e a janela de mensagens (parte inferior).

Na toolbar, encontramos a barra de menus, com os botões (da esquerda para direita): *verify*, *upload*, *new*, *open*, *save* e *serial monitor*, cujas funções estão especificadas no quadro 1.

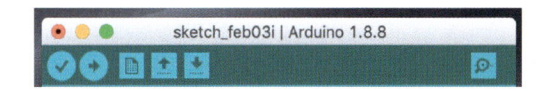

Quadro I – Função dos botões da barra de menus	
Verify	Verifica se há algum erro no código.
Upload	Sobe o sketch para a placa.
New	Cria um arquivo novo.
Open	Abre uma lista com os arquivos utilizados e exemplos de sketches.
Save	Salva o arquivo no computador.
Serial monitor	Mostra os dados seriais enviados a partir do Arduino.

O botão *verify* verifica se existe algum erro na programação. Quando há algum erro de sintaxe ou elemento faltando (como uma vírgula, por exemplo), o programa vai mostrar em qual linha está o erro. Esse botão é fundamental para verificarmos se o nosso código irá funcionar.

O botão *upload* sobe o arquivo que está no *sketch* para o Arduino. O upload somente irá funcionar se a placa e a porta serial selecionadas forem as corretas. Para fazer o upload, é necessário antes salvar o arquivo em alguma pasta no seu computador. Para ter certeza de que o código vai funcionar, é recomendável usar o *verify* antes do *upload*.

O botão *new* cria um novo arquivo em branco.

O botão *open* abre uma lista com os sketches mais recentes, bem como os exemplos que abordam diferentes componentes eletrônicos que podem ser conectados ao Arduino. Esses sketches de exemplos são muito bons para aprender como funciona a lógica de programação. Não se esqueça de que, se você modificar um arquivo de exemplo, é preciso salvá-lo com outro nome.

O botão *save* vai salvar o arquivo no diretório que você determinar. Após clicar no botão, aparece uma mensagem na parte de baixo da janela do IDE, informando que o arquivo foi salvo.

O botão *serial monitor* abre a janela do monitor serial. Utilizamos bastante essa janela para ler os dados vindos dos sensores. É fundamental sabermos como acessar essa informação para quando formos calibrar nossos sensores. No capítulo 6 estudaremos com mais detalhes como utilizar um sensor. Para aparecer algum dado no monitor serial, é necessário programar isso em nosso sketch. Não adianta somente conectar o sensor e abrir o monitor, precisamos preparar o sketch para isso. Verifique o exemplo AnalogReadSerial para entender como funciona a linha de comando que interage com o monitor serial, clicando em:

File → Examples → 01.Basics → AnalogReadSerial

Na parte de cima da janela do IDE (no caso da imagem em um Mac), encontramos um menu que permite acessar diversas funções do programa.

O primeiro menu é o *Arduino*. Nele, temos o *About Arduino*, que mostra a versão do programa. No menu *Preferences*, você pode personalizar sua experiência com o programa e algumas outras funções adicionais. O botão *Quit Arduino* encerra a execução do programa.

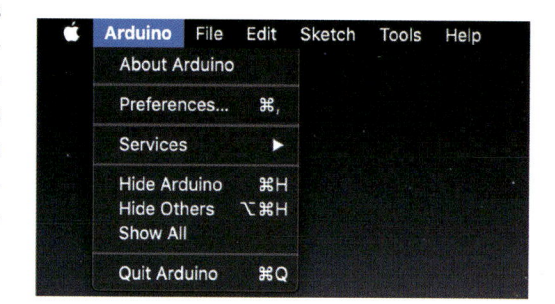

O segundo menu é o *File*, por meio do qual é possível criar um novo arquivo, abrir um arquivo existente (incluindo exemplos e os arquivos mais recentes), salvar o arquivo, salvar uma cópia do arquivo e imprimir o seu código.

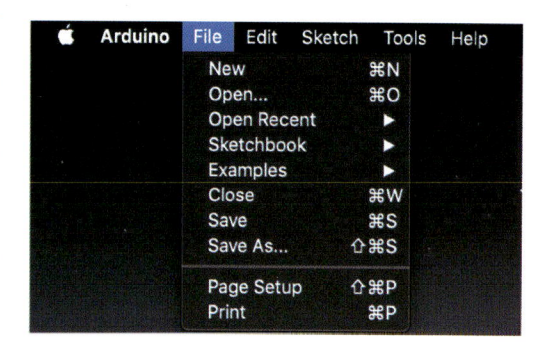

O terceiro menu é o *Edit*, que permite a você copiar, colar e cortar um código. Também é possível copiar o código em formato HTML (*Copy as HTML*) e salvar em um formato próprio para subir nos fóruns na internet (*Copy for Forum*). Uma opção bem útil do menu *Edit* é o comando refazer (*Redo*) e desfazer (*Undo*).

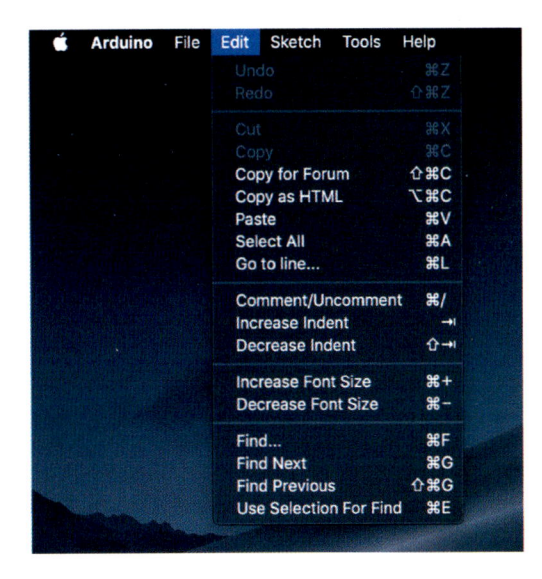

O menu *Sketch* acessa as opções de verificar o código (*Verify*), subir (*Upload*) e incluir biblioteca (*Include Library*), entre outras.

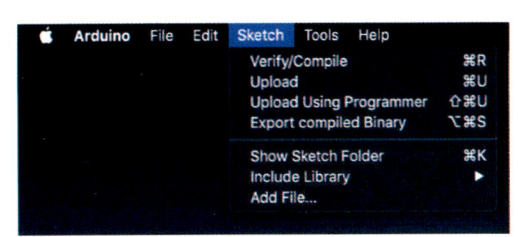

Uma biblioteca é um conjunto de código que pode ser agregado ao código para melhorar seu funcionamento. Alguns sensores possuem bibliotecas específicas e é sempre bom consultar o website do fabricante ou a data sheet do produto quando for começar a programar.

No menu *Tools* selecionamos a placa e a porta serial, entre outras possíveis ações. A função *Auto Format* organiza o seu código para otimizar a visualização. A ação *Archive Sketch* comprime o seu código em um arquivo ZIP. A opção *Burn Bootloader* grava o arquivo Bootloader para que o chip possa ser programado pelo Arduino IDE.

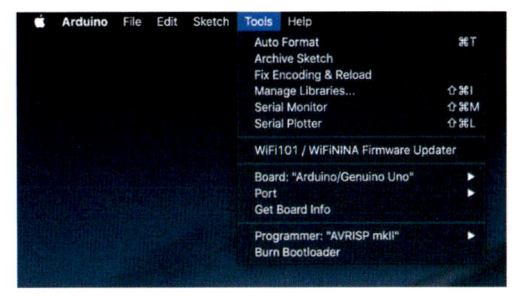

O último menu é o *Help*, no qual você pode fazer buscas por um tópico específico e procurar ajuda, tutoriais e referências. Esse é um lugar muito útil para investigar o que o Arduino pode fazer para o seu projeto.

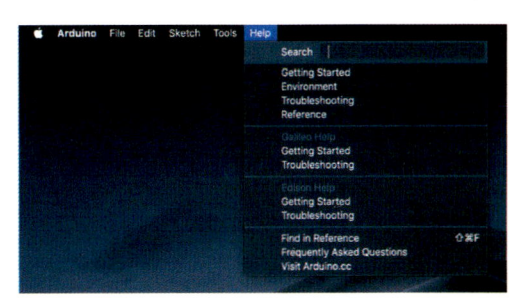

Sensores são componentes eletrônicos que medem algum aspecto do mundo físico e convertem essas medidas em tensão elétrica ou resistência. Sensores podem "sentir" luz, movimento, temperatura e toque, por exemplo. É por meio dos sensores que os computadores podem perceber o meio ambiente e interagir com ele.

Existem diversos tipo de sensores no mercado, desde simples resistores até sofisticados e custosos sensores de temperatura. No caso da tecnologia vestível, é muito importante verificar que tipo de conexão esse sensor possui e se existe a possibilidade de utilizar linha condutiva. Nos capítulos 4 e 11 discutimos algumas técnicas de conexão entre a parte dura (hardware) e a parte flexível (e-textile).

Outro aspecto importante na hora de escolher um sensor é o grau de sensibilidade e precisão que ele possui. Para fazer a escolha mais adequada, é preciso determinar o que se quer detectar e a partir daí determinar qual o grau de sensibilidade desejado. Se formos detectar um passo, usaremos um sensor de pressão menos sensível do que se nos propuséssemos a detectar o toque de um dedo da mão, por exemplo. Para resultados mais confiáveis, é necessário maior precisão.

Na tecnologia vestível, o aspecto do conforto – *wearability* – é fundamental. Tendo isso em vista, a forma, o peso e o formato do sensor são fatores que precisam ser levados em conta na hora de escolher o sensor mais apropriado. Também é preciso considerar o posicionamento do sensor no corpo, dependendo de suas características e do que se quer medir.

Na tecnologia vestível, os sensores ocupam um lugar de destaque, e devemos usar essa vantagem a nosso favor para conseguir dados que nos interessam.

SENSORES

6.1.
TIPOS DE SENSORES

Neste capítulo, vamos conhecer alguns dos sensores possíveis para a tecnologia vestível. Eles são bem diferentes em tamanho e função. O sensor mais adequado para seu projeto vai depender do que você quer medir. O dobrar de um braço? Um gesto particular? O batimento cardíaco? Cada função vai exigir um tipo específico. Os sensores apresentados aqui não são de forma alguma a totalidade de sensores disponíveis no mercado. Eles são os mais comuns e devem servir como exemplo e inspiração.

Alguns sensores podem ser feitos com material condutivo e utilizando técnicas de costura, sendo bastante difundidos na comunidade maker. Um site que é referência nessa área é o How to get what you want, da dupla Kobakant (disponível em https://www.kobakant.at/DIY/). As pesquisadoras documentaram diversos processos e materiais para construir sensores utilizando materiais condutivos. Lá você também encontra informação sobre atuadores (ver capítulo 7) e materiais (ver capítulo 3). Existem diversos sites on-line com tutoriais e informações sobre materiais. O Google é uma fonte inesgotável de informação. Aventure-se.

> No final do livro, você encontra informação sobre onde pesquisar para se aprofundar no universo dos sensores.

POTENCIÔMETRO

Potenciômetro é um resistor variável com três terminais. A tensão elétrica é aplicada nos terminais da ponta, e o terminal do meio, que está conectado a um botão (knob), atua como uma resistência variável. De acordo com a posição do ponteiro, a resistência muda. Esse componente eletrônico é especificamente útil para testes, por ser de fácil implementação e relativamente estável.

Figura 1.
Potenciômetro de 10 K.
Fotografia: Ricardo O'Nascimento.

FLEX

Sensores flex são usados para medir torção. O nosso corpo é capaz de dobrar em diversos pontos, e esse tipo de sensor pode ser muito útil para detectar gestos e movimentos. Como o componente está sujeito a estresse mecânico por conta do movimento corporal, é necessário reforçar as conexões ao máximo.

Existem modelos de diferentes tamanhos e sensibilidades. Em lojas especializadas, você vai encontrar sensores manufaturados que são bastante resistentes. O coletivo Kobakant desenvolveu uma versão DIY desse sensor utilizando materiais de baixo custo.

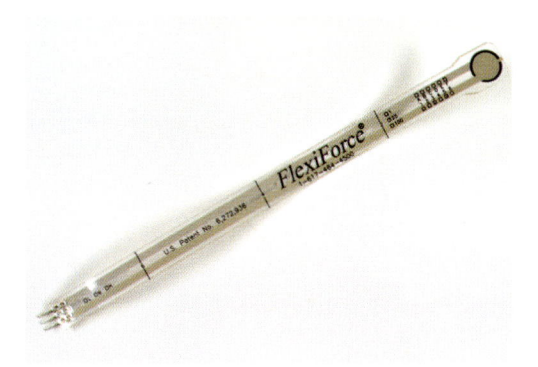

Figura 2.
Sensor flex.
Fotografia: Ricardo O'Nascimento.

> **Normalmente o sensor flex é colocado em partes do corpo que dobram, como nos cotovelos, nos joelhos e em outras áreas flexíveis.**

Projeto relacionado

Perfect Human (2008), de KOBAKANT (Mika Satomi e Hannah Perner-Wilson)

Figuras 3 e 4.
Performance Perfect Human.
Performer: Ivana Kalc.
Fotografia:
Mika Satomi e Hannah Perner-Wilson.

Perfect Human é uma performance inspirada nos filmes *The perfect human*, de Jørgen Leth e *The five obstructions*, de Lars von Trier. As artistas tentam criar uma sexta obstrução, introduzindo regras para a performance, em especial a regra da narrativa não linear. A performance utiliza um macacão, com diversos sensores flex embutidos no tecido, que detectam o movimento do performer e enviam essa informação por meio de ondas de rádio para o computador, no qual um software desenvolvido especialmente para a performance que interpreta esses dados e cria uma sonoridade de acordo com essa informação. Esse projeto utiliza sensores flex criados a partir de tecidos condutivos e possui uma extensiva documentação na internet (mais detalhes em: https://www.instructables.com/id/Puppeteer-Motion-Capture-Costume/).

PRESSÃO

O sensor de pressão mede a pressão aplicada em determinado ponto. Ele difere do botão porque possui estados intermediários, além do ligado e desligado. Esse tipo de sensor é extremamente útil porque está ligado ao sentido do tocar.

Entre suas funcionalidades, pode ser utilizado embaixo da sola do sapato para detectar o passo. O sapato interativo Rambler, de Tiago Martins e Ricardo O'Nascimento, utiliza esse tipo de sensor para detectar passos.

Uma opção barata para fazer esse tipo de sensor é utilizar um material chamado Velostat ou Linqstat. Ele é sensível à pressão e muda sua resistência quando apertado. Esse material tem como vantagem ser bem mais barato do que um sensor de pressão industrial.

Figura 5.
Sensor de pressão.
Fotografia: Ricardo O'Nascimento.

Figura 6. Sapato interativo Rambler.
Fotografia: Onur Sönmez.

Figura 7.
Velostat.
Fotografia: Ricardo O'Nascimento.

MOVIMENTO, ORIENTAÇÃO E LOCALIZAÇÃO

A tecnologia vestível tem a vantagem de ser dinâmica: pode se mover e aproveitar os movimentos do corpo, acionando ações. Um dos sensores para detectar movimento é o sensor de tilt.

Esse sensor possui uma esfera metálica no seu interior e, dependendo de sua posição, conecta, fechando o circuito ou não. Esse é um tipo bem simples de sensor, que pode ser muito útil para nossos protótipos.

Existem outros tipos de sensores de movimento que são mais complexos, como o acelerômetro.

O acelerômetro mede a aceleração nos três eixos de movimento: x, y, z. Cada eixo cria uma saída diferente, que deve ser conectada a um pin diferente do microcontrolador.

Para determinar movimentos complexos, temos de interpretar os dados que vêm de diferentes eixos. No entanto, para detectar movimentos simples, temos uma boa base apenas observando os valores no serial monitor.

Existem também outros tipos de acelerômetros que se comunicam via interface serial. Esse tipo de comunicação possui menos conexões e geralmente possui mais funcionalidades e os dados são um pouco mais consistentes. Um exemplo desse tipo de sensor é o acelerômetro da linha Flora, da Adafruit. Além do acelerômetro, ele possui uma bússola. Como o sensor é digital, ele é capaz de fornecer uma grande quantidade de dados com apenas quatro ligações.

O sensor também possui um magnetrônomo, que detecta o polo magnético norte ou a direção do campo magnético mais forte da proximidade. Pode ser muito útil para localizar o posicionamento em relação aos pontos cardeais.

Dance Light Harness, do estúdio POPKALAB, utiliza esse tipo de sensor para detectar se a pessoa está dançando ou não. Em virtude da grande precisão do sensor, é possível programar efeitos diferentes de luz de acordo com cada movimento.

Figura 8.
Imagem de um sensor de tilt com placa. É possível encontrá-lo sem a placa em algumas lojas de eletrônicos.
Fotografia: Ricardo O'Nascimento.

Figura 9.
Acelerômetro.
Fotografia: Ricardo O'Nascimento.

Figura 10.
Acelerômetro Flora + Flora.
Fotografia: Ricardo O'Nascimento.

Figura 11.
Dance Light Harness, de POPKALAB.
Fotografia: Ricardo O'Nascimento.

BATIMENTO CARDÍACO E OUTROS

Os sensores de batimento cardíaco e sinais biométricos são protagonistas de uma revolução na área do esporte e da saúde. Entender os processos corporais é fundamental para a evolução de uma tecnologia que está ao redor do corpo.

Um bom ponto de partida para explorar os dados biométricos é a batida do coração. Podemos medir as batidas do coração utilizando sensores ópticos de pulsação. Esse tipo de sensor mede o fluxo sanguíneo, geralmente no dedo ou lóbulo da orelha. Ele possui um led que brilha através da pele e um sensor de luz que lê o reflexo dessa luz, produzindo uma tensão elétrica, que pode ser lida pelo input do Arduino.

Um outro tipo de sensor de batimento cardíaco são eletrodos feitos a partir de tecidos condutivos. Eles devem estar bem conectados à pele para funcionar e são bastante eficientes e com dados precisos. Muito dos produtos no mercado de tecnologia vestível que realizam essa função utilizam esse método.

Outros dados biométricos que podemos medir são:

Galvanic skin response (GSR) – Esse método mede a condutividade da pele. Mudanças nessa condutividade podem indicar alterações de estados físicos e psicológicos. Esse tipo de sensor é utilizado em detectores de mentira, por exemplo.

Electroencephalography (EEG) – Método que mede a atividade elétrica do cérebro. Esse tipo de dispositivo é usado em aplicações que utilizam dados provenientes da leitura do cérebro como interface.

APROXIMAÇÃO

Existem diversas modalidades de sensores que podem ser usados para medir aproximação ou distância. O sensor de distância é muito útil para criar interações relativas ao espaço pessoal. Esse é um tema muito recorrente na tecnologia vestível.

O sensor sônico, por exemplo, funciona emitindo um ultrassom que reflete no objeto que está à frente, e volta ao sensor. A distância é medida calculando o tempo entre a emissão e a recepção do som. Ele mede distâncias desde 2 cm até 450 cm, tendo melhor precisão entre 10 cm e 250 cm.

Um outro tipo de sensor de distância utiliza leds infravermelhos que funcionam de maneira semelhante ao ultrassônico, mas emitindo luz infravermelha. Esses são mais adequados para medir distâncias curtas de até um metro.

Figura 12.
Sensor de batimento cardíaco.
Fotografia: Ricardo O'Nascimento.

Figura 13.
Sensor de distância por ultrassom.
Fotografia: Ricardo O'Nascimento.

Figura 14.
Sensor de distância por luz infravermelha.
Fotografia: Ricardo O'Nascimento.

Projeto relacionado

*Vestis: affective bodies
(2004-2011), de Luisa Paraguai*

A performance de Luisa Paraguai, pesquisadora e artista brasileira, utiliza esse tipo de sensor ao redor da performer para expandir ou contrair seu espaço pessoal de acordo com a presença das pessoas ao redor. Quando alguém ou alguma coisa invade esse espaço, a roupa interativa se expande, aumentando a silhueta da performer e nos fazendo refletir sobre esses espaços interpessoais.

LUZ

O mais comum sensor de luz é na verdade um resistor que, dependendo da quantidade de luz, aumenta ou diminui sua resistência. Eles são muito baratos e fáceis de usar.

O vestido reativo Paparazzi Lover, de Ricardo O'Nascimento e Ambasja Blanken (capítulo 2) utiliza esse tipo de sensor.

Figura 15.
Performance *Vestis: Affective Bodies*.
Performer: Dani Gatti.
Fotografia: Luisa Paraguai.

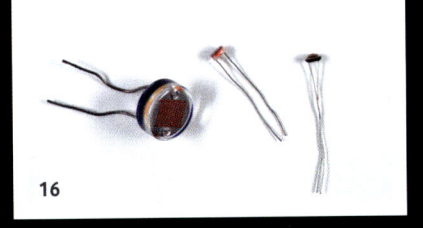

Figura 16.
Sensor fotovoltaico.
Fotografia: Ricardo O'Nascimento.

Figura 17.
Paparazzi Lover,
de Ricardo O'Nascimento
e Ambasja Blanken.
Fotografia: Florian Wieser.

COR

A empresa norte-americana Adafruit criou um sensor de cor para ser utilizado em sua linha Flora, que é de fácil uso e relativamente preciso. Ele utiliza o sensor TCS34725 e tem um led branco para iluminar a área a ser detectada, além de um bloqueador de raios infravermelhos.

A luva interativa "I am feeling blue... and red", de Ricardo O'Nascimento, utiliza esse sensor. A peça, ao transferir as cores em padrões de vibração que são sentidos no braço, cria um novo sentido para quem a está vestindo.

SOM

O sensor de som é, na verdade, um microfone. Existem vários modelos no mercado com diversas características técnicas. Um acessível e de um tamanho conveniente para wearables é o microfone elétrico, que conta com o chip MAX8814. Ele pode vir com ganho automático ou não.

Figura 18.
Sensor de cor da linha Flora, fabricado pela Adafruit.
Fotografia: Ricardo O'Nascimento.

Figura 19.
Luva interativa, de Ricardo O'Nascimento.

Figura 20.
Microfones com formatos diferentes disponíveis no mercado.
Fotografia: Ricardo O'Nascimento.

Projeto relacionado

*Batuque (2016),
de Ricardo O'Nascimento*

O vestível performático Batuque, de Ricardo O'Nascimento, utiliza esse sensor para detectar o nível de ruído ao redor da peça e criar o movimento dos motores de acordo com ele.

Figura 21
Performance Batuque,
de Ricardo O'Nascimento.
Fotografia: Tristan Copley Smith.

TEMPERATURA

Esse tipo de sensor serve para detectar a temperatura ambiente. Ele normalmente é utilizado em combinação com outros sensores de dados biométricos. Seu tamanho é pequeno e, para utilizá-lo em um circuito, devemos dobrar suas pernas, formando um círculo, da mesma maneira que fazemos com os leds não costuráveis. O sensor TMP36 é um sensor analógico e produz uma saída em tensão elétrica, dependendo da temperatura detectada. Ele é bem fácil de ser conectado com o Arduino. Para utilizá-lo, conecte a perna 1 (esquerda) à fonte de alimentação (entre 2.7 V e 5.5 V), a perna 3 (direita) ao terra, e a perna 2 a uma entrada analógica do seu microcontrolador. A tensão elétrica de saída é 0 V a −50 C e 1.75 V a 125 C.

Para calcular a temperatura, você pode utilizar a seguinte fórmula:

Temp °C = 100* (leitura em V) – 50

Na performance Human Sensor, de Kasia Molga, o performer veste uma máscara que detecta o ritmo de sua respiração. Esse dado, combinado com a análise da qualidade do ar, cria padrões luminosos no vestível e na máscara. Para detectar a respiração, o tecnologista Erik Overmeire, responsável pelo desenvolvimento técnico da peça, utilizou um sensor de temperatura colocado próximo ao nariz do performer. Analisando a variação de temperatura, foi possível detectar o ritmo da respiração, bem como sua intensidade.

Figura 22.
Sensor de temperatura TMP36.
Fotografia: Ricardo O'Nascimento.

Figura 23.
Circuito de conexão do sensor ao Arduino.
Ilustração: Ricardo O'Nascimento.

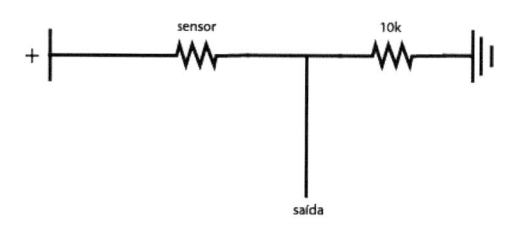

6.2.
COMO USAR UM SENSOR

Os sensores são uma parte muito importante de um projeto vestível interativo. É por meio do sensor que o sistema vai detectar dados vindos do corpo, do ambiente e de outros aparatos eletrônicos. Os sensores, porém, devem estar conectados a alguma unidade de processamento, para que os dados captados por eles sejam interpretados. Neste livro, eles estão conectados a uma placa microcontrolada que pode ser programada utilizando o IDE Arduino (capítulo 5).

Os sensores que utilizamos em vestíveis são, em sua grande maioria, resistências variáveis. Uma resistência variável é um componente que modifica sua resistência de acordo com uma variável externa. Essa variação de resistência é o que o sensor detecta. No entanto, as placas microcontroladas possuem entradas de dados que leem variação de tensão elétrica, mas não de resistência. Como solução, utilizamos um circuito de divisão de tensão elétrica para conectar o sensor à placa microcontrolada.

Para entender qual entrada utilizar, é importante saber a diferença entre grandeza digital e grandeza analógica.

Grandezas digitais são aquelas que não variam continuamente, mas sim em saltos. Um exemplo são os relógios digitais, onde o número é mostrado em minutos. O relógio digital nunca mostrará 12,5 segundos. Os valores são inteiros, ou seja, não são definidos valores intermediários.

Grandezas analógicas são aquelas que variam continuamente, considerando um dado espectro de valores. Um bom exemplo desse tipo de grandeza é o velocímetro de um carro onde o ponteiro gira continuamente, conforme o automóvel acelera ou desacelera.

Os circuitos e equipamentos elétricos trabalham com dois tipos de tensão definidos:

O nível lógico alto, ou 5 V (no caso do Arduino)

O nível lógico baixo, ou 0 V (no caso do Arduino)

As placas microcontroladas, como o Arduino, possuem pinos de entrada digitais e analógicos.

Quando configuramos um pino como entrada digital, temos de levar em conta um fenômeno chamado alta impedância. Essa característica faz com que o estado do pino mude com apenas uma corrente baixa. Para evitar que isso aconteça, podemos utilizar uma resistência de *pull up* ou *pull down*. Essa resistência extra – tipicamente entre 1 e 10 kΩ – fará com que a tensão da entrada do pino seja bem definida, evitando disparos quando o pino não estiver conectado a nada.

Quando pensamos sobre os dados que podemos detectar, podemos observar que quase todos são analógicos: posição, temperatura, pressão, etc. Por isso, é necessário trabalharmos com essas grandezas quando lidamos com sensores.

Com vimos anteriormente, o Arduino possui entradas analógicas e digitais. O conversor analógico-digital do Arduino possui uma resolução de 10 bits, e seu intervalo de tensão referência vai de 0 V até 5 V. É dividido em 1.024 pedaços, e o valor discreto mais próximo da tensão do pino será atribuído a essa tensão.

» **sensores que podem ser conectados ao pino de entrada digital: botões, sensor capacitivo, etc.**

» **sensores que podem ser conectados ao pino de entrada analógico: potenciômetros, sensores de pressão, de temperatura, etc.**

Supondo uma tensão de 2,47 V, o valor resultado da conversão será:

$$\frac{2{,}47 \times 1024}{5} = 505{,}85$$

O resultado deve ser inteiro para que possa ser representado, logo o valor 506 será o selecionado, por ser o mais próximo.

TUTORIAL

SENSOR DE LUMINOSIDADE

O objetivo deste tutorial é conectar um potenciômetro de 10x no Arduino e observar os números no monitor serial.

INSTRUMENTOS E MATERIAIS

» 1 Arduino
» 1 fotorresistor
» 1 protoboard
» 3 cabos jumpers

PASSO A PASSO

» Conecte os componentes de acordo com a figura:
» Conecte a placa ao computador com um cabo USB.
» Abra o programa Arduino.
» Abra o arquivo que está em:

File > examples> 01.Basics>AnalogReadSerial

» Faça o upload do arquivo.
» Abra o monitor serial, clicando no ícone na parte superior direita da interface.

Na tela do monitor serial, aparecem os números correspondentes da leitura do potenciômetro. Experimente mexer no potenciômetro para alterar os números. Com esses números podemos programar ações, como modificar o brilho de uma luz ou o volume de uma música.

Para mais informações sobre o programa Arduino, consulte o capítulo 5.

COMO
UTILIZAR OS DADOS

A placa microcontrolada recebe do sensor números entre 0 e 1.023. Esses números nem sempre são o que necessitamos no projeto. Para analisar esses números e deixá-los mais compreensíveis, é necessário utilizar alguns conceitos de programação que veremos a seguir.

Para testarmos o código, precisamos primeiro prototipar o circuito. Para prototipagens rápidas, a protoboard é a escolha mais eficiente. Na figura 24 temos o diagrama do circuito que você deve montar.

O circuito apresentado tem um fotorresistor como sensor e um led como saída. Conecte a placa ao computador e abra o arquivo, seguindo este caminho:

Arduino > File > Examples > AnalogReadSerial

Depois disso, selecione a placa e a porta serial para fazermos o upload do arquivo. Ao clicar no ícone do monitor serial, vemos números sendo apresentados na tela. Se colocarmos nossa mão sobre o sensor, os números devem mudar.

Ver os números mudando pode ser animador, mas, se quisermos criar interações a partir desses dados, precisamos criar sentido nessa lista. Por exemplo, se quisermos que o led acenda quando está escuro, é necessário determinarmos o que significa "escuro".

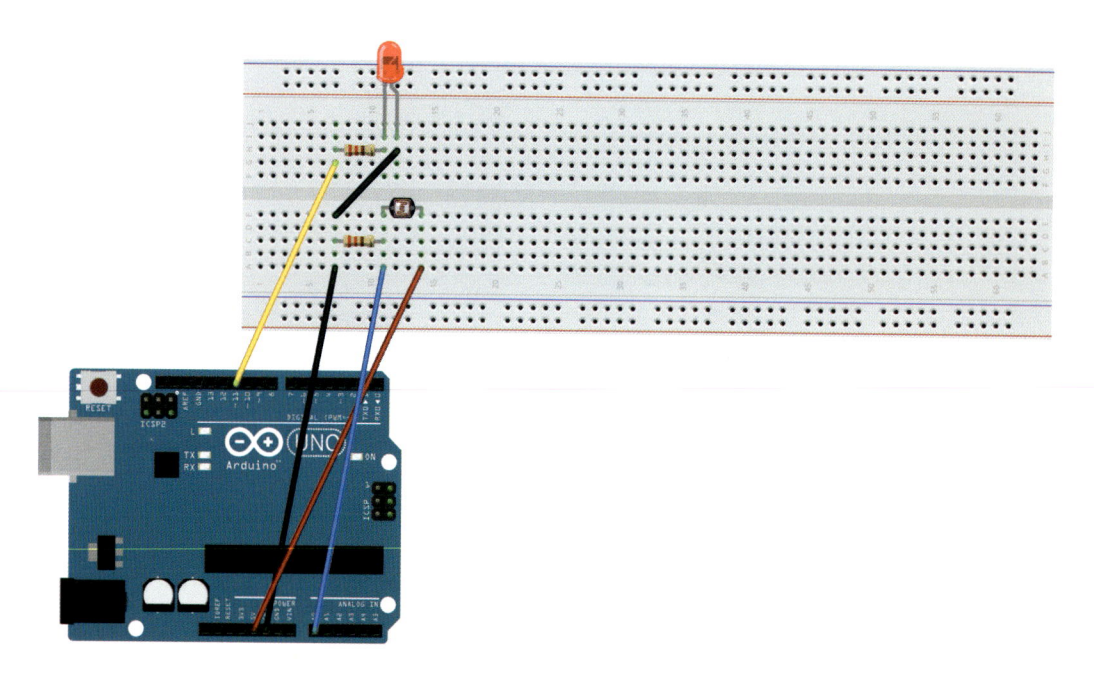

Figura 24.
Diagrama do circuito.
Fotografia: Ricardo O'Nascimento.

THRESHOLDS

O threshold é utilizado para criar os limites entre duas ou mais condições. Quando programamos ações baseadas em leitura de sensor, é bastante útil poder diferenciar situações.

Ainda utilizando o exemplo anterior, vamos determinar quando está escuro e quando está claro. Claro e escuro são as duas situações que queremos detectar. Se cobrirmos o sensor com as mãos, podemos observar os valores que aparecem no monitor serial. Quando tiramos a mão, os valores mudam. Assim podemos descobrir os números que representam a escuridão, e os números que representam luminosidade. No código a seguir os valores menores que 200 representam a escuridão, e quando o valor for maior do que 200 o que está sendo detectado é a luminosidade.

Para criar o threshold, utilizamos o if statement, conforme o código a seguir:

```
//quando está "escuro"
if(lightSensorValue<200){
//Acender o LED
digitalWrite(LEDpin, HIGH);
}
// quando está "claro"
else{
//Apagar o LED
digitalWrite(LEDpin, LOW);
}
```

Esse código acende o led quando, o "escuro" é detectado. O código completo fica assim:

```
//inicializar variáveis
int lightSensorValue = 0;
int lightSensorPin = A0;
int LEDpin = 11;

void setup() {
//inicializar comunicação serial
Serial.begin(9600);
}

void loop() {
// ler o valor do sensor e guardar o valor em uma variavel
lightSensorValue = analogRead(A2);
// quando está "escuro"
if(lightSensorValue<200){
//Acender o LED
digitalWrite(LEDpin, HIGH);
}
// quando está "claro"
else{
//Apagar o LED
digitalWrite(LEDpin, LOW);
}
// intervalo entre as leituras:
delay(100);
}
```

É também possível criar múltiplos thresholds, possibilitando assim determinar diversos estados. O código a seguir detecta três estados diferentes de iluminação e mostra no monitor serial o nome do estado e o valor que vem do sensor.

```
/*
Multiple Threshold example
*/
//inicializar as variáveis
int lightSensorValue = 0;
int lightSensorPin = A0;
int LEDpin = 11;
int threshold1 = 500;
int threshold2 = 200;

void setup() {
//inicializar comunicação serial:
Serial.begin(9600);
}

void loop() {
// lê o valor do sensor e armazena em uma variável:
lightSensorValue = analogRead(lightSensorPin);
// imprime o valor do sensor
Serial.print("Valor do sensor de luz: ");
Serial.print(lightSensorValue);
// preparar para imprimir o nível de luz
Serial.print(", nível de luz: ");
//quando o valor é maior que o
// threshold #1
if(lightSensorValue>threshold1){
Serial.println("luz do dia");
}
//se o valor é menor ou igual ao
// threshold #1 e marior que o
// threshold #2
else
if(lightSensorValue>threshold2){
Serial.println("luminária");
}
// se o valor é igual ou menor que o
// threshold #2
else{
Serial.println("escuro");
}
// intervalo entre as leituras
delay(100);
}
```

Agora que você já sabe como criar interações entre a luminosidade e o led, aproveite para experimentar diferentes valores e criar diferentes interações.

MAPPING

Mapping é quando traduzimos um certo grupo de números com um determinado alcance por outro grupo. Essa é uma maneira de se criar um sistema de ação e reação direto entre sensor e atuador.

> O mapping é usado por exemplo para programar servomotores.

CONSTRAIN

Algumas vezes necessitamos somente de uma parte dos números. Nesse caso, a função constrain pode ser muito útil. Ela é uma função composta de três parâmetros que podem ser alterados: o primeiro é o dado que está sendo contido; o segundo, o valor mínimo, e o terceiro, o valor máximo. Se por acaso o sensor enviar algum valor que exceda o valor máximo, a função constrain o converte para o valor máximo novamente.

```
//inicializar variáveis
int lightSensorPin = A0;
int lightSensorValue = 0;
int constrainedLightSensorValue = 0;
void setup() {
//inicializar comunicação serial:
Serial.begin(9600);
}
void loop() {
//lê o valor do sensor de luz
e armazena em uma variável:
lightSensorValue =
analogRead(lightSensorPin);
//restringe o valor do sensor
de luz entre 300 e 650
constrainedLightSensorValue =
constrain(lightSensorValue, 300, 650);
//imprime os resultados:
Serial.print("Valor do
sensor de Luz ");
Serial.print(lightSensorValue);
Serial.print
(", valor restringido
do sensor de Luz: ");
Serial.println(constrained
LightSensorValue);
// intervalo entre as leituras:
delay(100);
}
```

SMOOTHING

Smoothing é bastante prático quando utilizamos um sensor que nos fornece dados com interferências. Nesses casos, quando lemos os números no monitor serial, eles pulam bastante, dificultando o seu uso. O smoothing guarda os valores maiores e menores e calcula a média entre esses valores, resultando em um dado mais limpo.

O código que demonstra esse processo está em:

Arduino > examples > Analog > Smoothing

TUTORIAL

BOLSA COM SENSOR DE LUMINOSIDADE

Este tutorial utiliza as partes do kit Nana para criar uma bolsa que, quando aberta, acende automaticamente um led, que ajuda a enxergar os objetos dentro dela. Quando fechada, o led apaga. Para controlar o led, você irá utilizar os conceitos de programação que acabamos de aprender. Também é possível confeccionar as conexões utilizando as técnicas de circuito flexível que abordamos no capítulo 11.

O passo a passo pode ser encontrado em:
http://www.nana-kit.com/bolsacomsensor#/

Atuadores são elementos associados à saída do sistema. Eles são normalmente associados com luz, som ou movimento, mas também podem ser de outros tipos, como veremos neste capítulo. É por meio dos atuadores que o sistema irá se manifestar fisicamente.

7.1. LUZ

Luz é uma maneira bastante eficaz para se visualizar processos e interações, e por isso é utilizada como ponto de partida quando começamos a desenvolver projetos vestíveis. Recomendo reproduzir o tutorial led blink como primeiro exercício de programação, justamente por ser uma saída bastante visível. Além do led, existem outros componentes eletrônicos que emitem luz. Alguns deles já vimos no capítulo 3 e agora vamos detalhar um pouco mais suas especificidades, usos e funcionamento.

LED SIMPLES

Os leds simples podem ser amarelos, brancos, verdes, azuis ou vermelhos. Conforme aprendemos no capítulo 4, para utilizarmos um led em um circuito eletrônico, precisamos de algum resistor. Talvez o circuito funcione sem o resistor, mas certamente a sua falta irá comprometer a vida útil do circuito.

O led é um diodo composto por um catodo (negativo) e um ânodo (positivo), e quando aplicada corrente elétrica, ele brilha. Na figura 1, podemos constatar que ele possui duas pernas de tamanhos diferentes. A perna mais curta é o catodo, e a perna mais longa, o ânodo.

ATUADORES

Quando utilizamos esse tipo de led em um circuito flexível usando a técnica de bordado manual, temos que dobrar as pernas do led. Ao fazermos isso, não conseguimos mais identificar qual é a maior e qual é a menor. Nesse caso, basta olhar para dentro da bobina do led: a perna que possuir um triângulo pequeno na ponta é o ânodo, e a outra, o catodo.

Existem também os led costuráveis, que já vêm com resistor embutido e foram feitos especialmente para serem bordados nos circuitos. Eles funcionam com 3 a 6 V e podem ser controlados utilizando PWM (analogWrite), quando utilizados com uma placa microcontrolada. Eles podem ser conectados diretamente a uma fonte de alimentação.

LED RGB ENDEREÇÁVEL

Os neopixels são muito brilhantes e poderosos. Eles possuem 24 bits de cores compatíveis com controle PWM, que é realizado no chip do led. Sendo muito brilhantes, não utilizam tanta corrente para criar efeitos impactantes. Cada led consome algo em torno de 60 mA. O microcontrolador FLORA pode controlar até 500 leds a 30 FPS antes de ficar sem memória RAM. No entanto, se o circuito for bordado com uma linha condutiva com alta resistência, comportamentos estranhos podem ocorrer devido à diminuição da corrente pelo material.

> Em um projeto no qual são utilizados muitos leds em um circuito bordado, é muito importante utilizar uma linha condutiva que não tenha muita resistência. Cheque a folha de dados do fabricante antes de comprar.

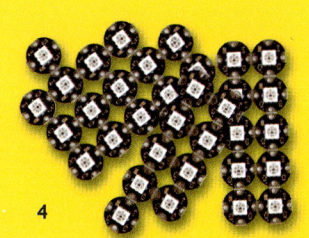

Figura 1.
Led.
Fotografia:
Ricardo O'Nascimento.

Figura 2.
Led com terminais dobrados para serem bordados.
Fotografia:
Ricardo O'Nascimento.

Figura 3.
Leds montados em PBC, com espaço para bordado.
Fotografia:
Ricardo O'Nascimento.

Figura 4.
LED endereçável.
Fotografia:
Ricardo O'Nascimento.

FIBRA ÓPTICA

Ver capítulo 3, p. 62.

MATERIAIS ELETROLUMINECENTES

Ver capítulo 3, p. 61 e 64.

TUTORIAL

CAMISA COM LEDS QUE PISCAM

Este tutorial utiliza partes do Kit Nana para criar uma camiseta com leds que acendem e apagam conforme a programação com Arduino. Também é possível confeccionar as conexões utilizando as técnicas de circuito flexível que abordamos no capítulo 11.

O passo a passo pode ser encontrado em:
http://www.nana-kit.com/camisetacomleds#/

7.2. SOM

O som pode ser descrito a partir de suas características acústicas, como timbre, tom, duração e intensidade. O som e suas propriedades acústicas são utilizados em diversas áreas, como arquitetura, medicina, artes e na construção de sistemas sensoriais para detectar distância, por exemplo. Como atuador, o som é associado a um movimento vibratório que se propaga no ar e cuja frequência varia entre 16 e 20.000 Hz. O som se materializa através de ondas longitudinais em que as vibrações coincidem com a direção da propagação. A transmissão do som se dá pelo ar.

O som, portanto, é vibração, que pode ser usada para além de suas propriedades acústicas, podendo inclusive criar movimentos e outros tipos de interações mais sutis, como vemos no trabalho de EJTECH e BLESS + POPKALAB, descritos neste livro. A seguir, veremos os dois tipos mais utilizados de alto-falantes.

BUZZERS

Esse componente, quando alimentado por uma corrente entre 3 e 5 V, produz um ruído de 2 KHz. Dentro do compartimento de plástico estão um piezo mais um circuito que o faz oscilar em 2 KHz. A limitação é que o ruído é sempre o mesmo e não pode ser modificado. Pode ser útil para implementar alertas sonoros.

Figura 5.
Buzzer.
Fotografia:
Ricardo O'Nascimento.

ALTO-FALANTES

Podemos encontrar alto-falantes de diversos diâmetros no mercado. Para os vestíveis, o ideal são os menores de até 40 mm de diâmetro. Dependendo do modelo, podem ter impedâncias de 4 ou 8 ohms. Verifique a folha de dados do componente para saber detalhes sobre o material. Eles precisam de um circuito de amplificação para funcionar com mais eficiência.

Alto-falantes também podem ser feitos de outros materiais, como o tecido e o papel. Eles reproduzem som por meio de um eletroímã acoplado a uma membrana e um ímã permanente por perto. Para fazer o eletroímã, podemos bordar uma espiral utilizando uma linha condutiva, de acordo com o desenho ilustrado na figura 7. As pontas da espiral devem ser conectadas a um circuito de amplificação de som que, por sua vez, deve se conectar a uma fonte de áudio. Para escutar o som, coloque um ímã no centro da espiral.

Figura 6.
Alto-falantes.
Fotografia: Ricardo O'Nascimento.

Figura 7.
Desenho-modelo para a confecção do alto-falante de tecido ou papel. Alto-falantes.
Ilustração: Ricardo O'Nascimento.

Figura 8.
Phase In, Phase Out (2018), de EJTECH.
Fotografia: EJTECH.

Esse mesmo conceito pode ser aplicado a outros materiais e objetos. Para fazer o alto-falante de papel, podemos utilizar uma fita condutiva no lugar do bordado e papel, no lugar do tecido. O importante é que a espiral esteja fixada a uma membrana que possa vibrar.

Um exemplo de aplicação e tutorial completo pode ser encontrado no seguinte link:
www.kobakant.at/DIY/?p=3857.

O Duo EJTECH, formado por Judit Eszter Kárpáti (HU) e Esteban de la Torre (MEX), possui uma pesquisa extensa em alto-falantes, utilizando materiais flexíveis e diversas técnicas, como bordado e impressão de tela. Em Phase In, Phase Out, os artistas utilizam algumas dessas técnicas para criar uma instalação composta de diversos alto-falantes flexíveis diagramados cuidadosamente em tecidos que estão espalhados pelo espaço. Assim eles se apropriam do material tecido, transformando-os em um sistema multicanal transdutor. Os alto-falantes reproduzem ruídos em diversas frequências e sons, manipulados digitalmente pelos artistas. Essa sonoridade única decorrente do material – tecido – faz com que as superfícies vibrem e se movimentem de modo sincronizado, o que, somado a um cuidadoso projeto de iluminação, cria um cenário futurista e transcendental.

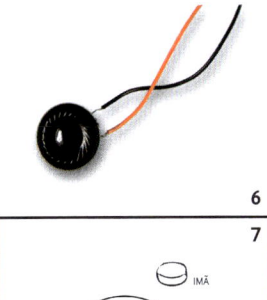

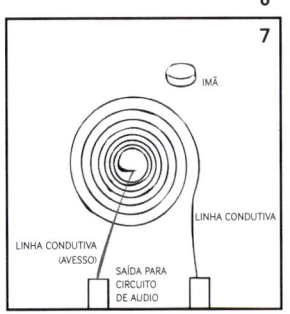

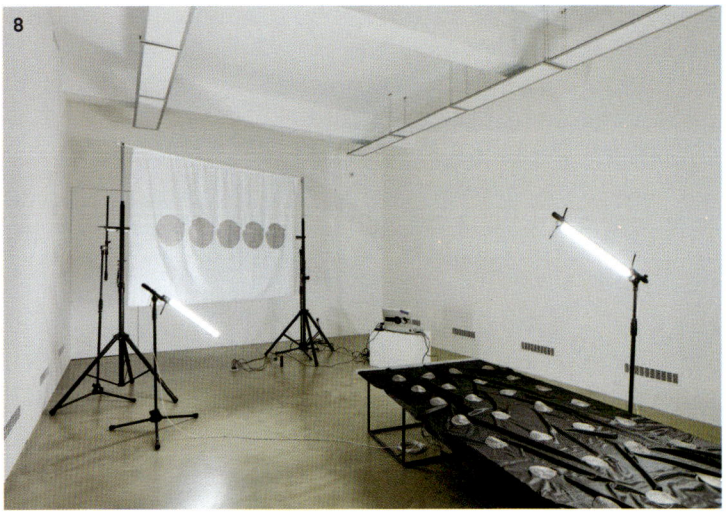

TUTORIAL

CHAPÉU COM SOM

Este tutorial utiliza as partes do kit Nana para construir um chapéu que emite sons em intervalos de tempo programados. Também é possível confeccionar as conexões utilizando as técnicas de circuito flexível que abordamos no capítulo 11.

O passo a passo pode ser encontrado em: http://www.nana-kit.com/chapeucomsom#/

7.3. MOVIMENTO

Movimento é um tipo de atuação que pode proporcionar interações bem interessantes. Para a criação de movimento, é necessário utilizar algum tipo de motor e muita criatividade e experimentação. O grande desafio não é tanto eletrônico, mas mecânico. O recomendável é prototipar o movimento utilizando cartolina e fitas adesivas antes de partir para algo mais definitivo.

Na performance, a artista francesa Geneviève Favre Petroff utiliza uma saia motorizada que muda de comprimento e canta uma canção inspirada na história da silhueta feminina dos últimos séculos. Geneviève evoca uma boneca mecânica e revela para o público um pouco de sua intimidade, desejos e aspirações para o futuro, enquanto a saia muda o seu formato, acompanhando o discurso.

MOTORES DE VIBRAÇÃO

Utilizados para gerar uma resposta háptica em sistemas vestíveis, os motores de vibração podem ser conectados diretamente a uma fonte de alimentação e funcionam com correntes entre 2 e 5 V. Quanto maior a corrente, mais forte será a vibração. Para um controle mais preciso, é necessário utilizar um transistor, como o PN2222.

A luva interativa "I am feeling blue... and red" do artista Ricardo O'Nascimento, em colaboração com os cientistas Ronaldo Martins da Costa e Gustavo Laureano, propõe uma interação tátil com o uso de um sensor de cor e motores de vibração para criar um novo sentido ao usuário. O projeto, desenvolvido no Media Lab/UFG com curadoria de Izabel Goudart e Cleomar Rocha, busca traduzir espectros de cor em vibrações, no antebraço do usuário. As vibrações das cores são transformadas em vibrações físicas.

Figura 13.
Motores de vibração.
Fotografia: Ricardo O'Nascimento.

Figuras 9 a 12.
Vocalize me (2018),
de Geneviève Favre Petroff.
Fotografia: Sébastien Villotte.

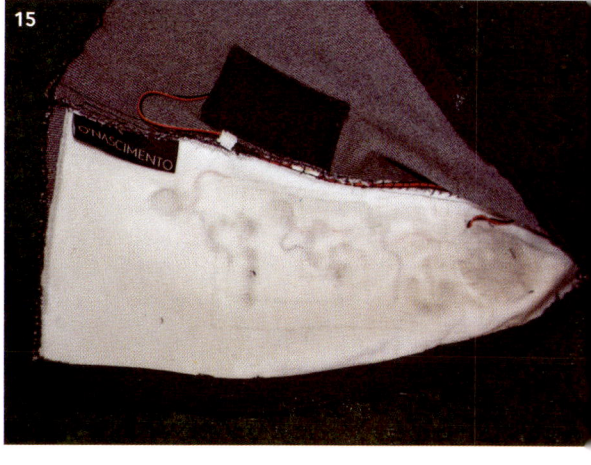

Figuras 14 e 15.
Luva interativa I Am Feeling Blue...
and Red (2016),
de Ricardo O'Nascimento.
Fotografia: Ricardo O'Nascimento.

MOTORES SERVOS

Motores servos são bastante utilizados em robótica por terem um alto grau de precisão. Eles são relativamente fáceis de se trabalhar, e o Arduino possui uma biblioteca específica para lidar com eles. Eles podem ser controlados utilizando PWM. Para vestíveis, os mais adequados são os minisservos. Para controlá-los, é necessário utilizar um drive, como o L293D ou um Motor Shield.

Taiknam hat é um chapéu cinético que reage e se movimenta de acordo com variações de ondas de rádio médias em seu entorno. Esse projeto é uma tentativa de materialização do espaço imaterial ocupado por ondas de rádio por meio de simulação de arrepio, um instinto automático de reação de criaturas vivas quando confrontadas com fontes de irritação ou estresse.

Taiknam hat tem como objetivo utilizar esses fatos biológicos a respeito das causas do arrepio como metáfora, expressando a irritação de nossos corpos em relação à radiação eletromagnética e também para criar um sinal tátil e visual de sua existência para as pessoas. Ele utiliza um motor tipo servo para movimentar as penas.

Preste atenção no material de que o motor é feito. Se tiver engrenagem de metal, ele será mais durável e resistente.

Para alimentar os servos, utilize uma fonte de alimentação extra. Não se esqueça de sempre compartilhar o polo negativo do seu circuito entre as fontes de alimentação e o circuito.

Figuras 16 e 17.
Taiknam Hat (2010),
de Ebru Kurbak e
Ricardo O'Nascimento.
Fotografia: Ricardo O'Nascimento.

MOTORES DC

Motores DC são máquinas que convertem diretamente corrente elétrica em energia mecânica. Eles podem assumir velocidades e direções diferentes e são controlados por PWM. Diferentemente do servomotor, com o motor DC não é possível determinar a posição onde ele vai parar. Para controlá-los é necessário utilizar um transistor ou um drive ou um shield. Normalmente, os shields para Arduino são encontrados em lojas de eletrônicos.

Figura 18.
Motor DC.
Fotografia: Ricardo O'Nascimento.

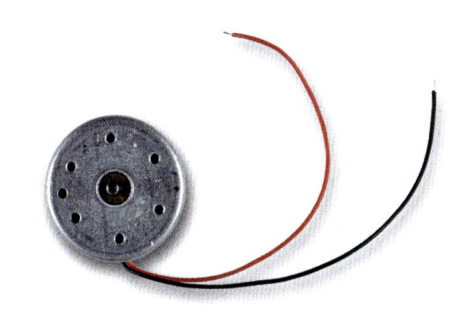

Lazy Burlesque (2017), de Minna Palmqvist e POPKALAB

Lazy Burlesque é um comentário bem-humorado sobre a objetificação da mulher e do possível empoderamento que vem atrelado à sua imagem. Ele mostra de maneira bem-humorada que a dançarina de uma dança feita para saciar os olhos masculinos pode usufruir da experiência sem se preocupar em se moldar a padrões de beleza e comportamento preestabelecidos.

"You are sassy but lazy?
Like to dress up but stay on the couch?
Rather drink a beer than making tassels move?
THIS bra is for you!
Lazy Burlesque - Zero F***s
given, in the laziest ways"

Figura 19.
Lazy Burlesque (2017),
de Minna Palmqvist e POPKALAB.
Fotografia: Ricardo O'Nascimento.

Figura 21.
Ricardo O'Nascimento, E-ansã,
Festpielhaus Hellerau, Dresden,
CYNETART 2012,
manequim Cindy Hammer.
Fotografia: David Pinzer.

VENTILADORES

Uma outra maneira de criar movimento é utilizar o vento para animar outro material. O ventilador é na verdade um motor DC e deve ser controlado da mesma maneira.

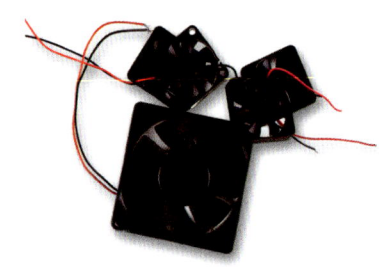

Figura 20.
Ventiladores.
Fotografia: Ricardo O'Nascimento.

E-ansã (2010), de Ricardo O'Nascimento

E-ansã é uma performance inspirada na orixá Iansã. Iansã é uma entidade do candomblé que está conectada com as forças do vento e tempestades e tem o poder de controlar esses elementos. O vestido é composto por uma estrutura onde estão acoplados ventiladores que se acionam na presença de ondas eletromagnéticas. O vestido é composto por centenas de fitas do Senhor do Bonfim, que se animam na presença do vento. Religião, forças invisíveis e tradição estão presentes nessa performance, que tem como um dos objetivos alertar as pessoas sobre a poluição eletrônica, com o crescente uso de comunicação sem fio. Talvez Iansã possa também controlar os campos eletromagnéticos.

7.4. CALOR E FRIO

Como a tecnologia vestível está próxima ao corpo, a variação de temperatura pode ser usada como indicador de dados ou como uma funcionalidade extra da roupa. A seguir, veremos os componentes que podem ser utilizados para esse fim.

PATCH DE CALOR

O patch é, na verdade, um circuito de material com resistência alta. Quando aplicamos eletricidade nesse circuito, toda a energia que não passa — por conta da resistência do material — é transformada em calor. Para acionar esse circuito, é necessário o uso de um transistor.

PLACA DE PELTIER

Placa de Peltier é um componente que se aquece em um dos lados e esfria do outro, quando aplicada corrente elétrica. Quando a polaridade é invertida, o comportamento dos lados também se inverte.

TUTORIAL

MÁSCARA COM MOTOR

Este tutorial utiliza as partes do kit Nana para construir uma máscara com um adereço que gira quando um botão é pressionado. Esse tutorial exemplifica o uso de um atuador de movimento. Também é possível confeccionar as conexões utilizando as técnicas de circuito flexível que abordamos no capítulo 11.

» *O passo a passo pode ser encontrado em: http://www.nana-kit.com/mascaracommotor#/*

A indústria 4.0 proporciona uma mudança de paradigma, da produção centralizada para uma produção descentralizada, transformando completamente a lógica operante. Em linhas gerais, isso significa que a produção industrial com a utilização de máquinas não fica limitada somente à produção do produto, apresentando a possibilidade de o homem se comunicar com as máquinas para dizer exatamente o que e como deve produzido.

A Internet das Coisas (IoT) está diretamente relacionada com a ideia de ubiquitous computing, onde os objetos são dotados de capacidades computacionais e se comunicam entre eles, utilizando comunicação sem fio.

O conceito de produtos *smart* ou *inteligentes*, na maioria dos casos, se refere justamente a produtos que podem ser conectados à nuvem e se comunicar e se inserir em processos interativos. Por exemplo, uma smart TV dá acesso a aplicações que funcionam na nuvem; uma casa smart oferece funcionalidades que podem ser monitoradas e controladas a distância; uma caneca inteligente permite o controle da temperatura da bebida a distância.

Os vestíveis, por sua singular capacidade de monitorar dados biométricos, ocupam um lugar de destaque no universo da Internet das Coisas.

Na grande maioria dos casos de produtos "inteligentes", o controle ocorre por meio de um aplicativo de telefone. No caso dos vestíveis, a grande maioria possui um pequeno cérebro (microcontrolador + bateria) que está acoplado à roupa e é conectado a um grande cérebro (aplicativo), que opera no telefone. O hardware que está na roupa é em sua

VESTÍVEIS E INTERNET DAS COISAS (IOT)

maioria acoplado usando botões de pressão que podem ser retirados para a lavagem da peça. Muitas vezes, o gerenciamento dos dados é baseado em serviços de armazenamento e computação em nuvem.

Neste capítulo vamos apresentar algumas tecnologias para comunicação sem fio que podem ser utilizadas em vestíveis. Cada uma dessas tecnologias tem pontos positivos e negativos, e a melhor escolha vai depender da funcionalidade e do contexto da peça que você pretende desenvolver.

Também veremos alguns exemplos de uso do conceito de IoT em peças vestíveis para diversas finalidades. Conectar o corpo em rede aponta para diversas possibilidades de interação, e é justamente nessa área que a tecnologia vestível está impactando a medicina, o trabalho e a arte, entre outros campos.

8.1. BLUETOOTH

Bluetooth é um padrão de comunicação sem fio para ser usado em redes de curto alcance, baixo consumo e de âmbito pessoal (wireless personal area networks – WPAN). Sua especificação é aberta e está disponível para uso público. Por ser um protocolo bem definido e de hardware de fácil acesso no mercado, os dispositivos bluetooth têm ganhado uma parcela significativa do mercado de comunicação sem fio.

A tecnologia foi criada pela empresa Ericsson em 1994 como forma de substituir os cabos. Mais tarde, em 1996, a Ericsson se juntou a outras empresas para formarem o Bluetooth Special Interest Group (SIG), em 1998. Esse consórcio foi fundamental para o desenvolvimento da especificação por meio de padrões abertos, o que assegurou uma alta taxa de compatibilidade e uma grande aceitação pelo mercado.

Os dispositivos bluetooth são classificados em três classes:

Quadro I – Classes de dispositivos de bluetooth × potência máxima × alcance

Classe	Potência máxima	Alcance
Classe 1	100 mW (20 dBm)	até 100 m
Classe 2	2.5 mW (4 dBm)	até 10 m
Classe 3	1 mW (0 dBm)	~1 m

Os componentes eletrônicos para vestíveis que envolvem bluetooth podem ser encontrados facilmente em lojas de eletrônicos, sendo os mais populares os da linha Lilypad (Sparkfun) e Flora (Adafruit). Esses componentes foram desenhados para serem costurados utilizando linha condutiva e possuem vasta documentação e exemplos de uso on-line.

8.2. XBEE

XBee é uma outra marca de componentes eletrônicos para comunicação sem fio via radiofrequência da empresa Digi International. Existem diversos modelos disponíveis no mercado com ampla documentação e tutoriais on-line. Os modelos se diferenciam pelo alcance que têm e é possível em alguns modelos até não utilizar um microcontrolador e enviar os dados diretamente para o programa no computador.

Essa opção é bastante estável e por isso recomendável para performances em que a estabilidade da conexão é fundamental. Uma qualidade desse sistema é que é possível criar uma rede com diversos pontos conectados. Para decidir que modelo é o mais adequado para o seu projeto, recomendo consultar a folha de dados de cada modelo e fazer uma comparação de acordo com suas necessidades.

Para um guia completo, sugiro visitar: www.sparkfun/com/pages/xbee_guide

sBojagi é uma performance narrativa baseada no aprimoramento de roupas tradicionais que geram possibilidades originais de interação. Essa performance introduz a ideia de aprimoramento de design por meio de tecnologia aplicada a têxteis culturais, para criar novas possibilidades de contar histórias não lineares por meio da interação com o corpo.

A tradição dos têxteis coreanos chamada Bojagi inspira a performance sBojagi. O Bojagi é um pedaço de tecido usado para embrulhar, cobrir e armazenar objetos do cotidiano para transmitir significado e valor estético.

sBojagi é um pedaço quadrado de tecido, feito parcialmente com um material condutor que, por meio do processo de embrulhar e dobrar, aciona e manipula sons coletados durante o tempo de um artista em residência no Hooyong Performing Art Center, em Gangwon-do, na Coreia do Sul.

Durante a confecção do tecido reativo, foram adotadas técnicas de bordado para desenhar padrões utilizando fios condutores, que atuam como interruptores momentâneos para acionar os sons, quando em contato no processo de acondicionamento. Um sensor de movimento altera os sons de acordo com o movimento do objeto envolvido pelo artista e completa o sistema. O som é processado em um computador por um programa feito especialmente para a performance, e a comunicação sem fio é feita por meio do XBee.

Figura 1.
sBojagi (2011),
de Ricardo O'Nascimento.
Fotografia:
Ricardo O'Nascimento.

8.3.
ESP 8266

O ESP8266 é um módulo com protocolo TCP/IP integrado, utilizado para comunicação sem fio. Ele é capaz de armazenar uma aplicação ou carregar as funções wi-fi de um outro processador externo. O módulo ESP8266 vem com o comando AT firmware pré-programado, o que permite conectar diretamente a um Arduino e obter conectividade por meio de uma rede wi-fi. Ele tem memória e processamento suficientes para se contar sensores diretamente, por meio de seu GPIO.

Essa opção tem um preço bastante acessível e bastante documentação on-line.

8.4.
PROJETOS RELACIONADOS

ALMA (2019), DE TOMMASO BUSOLO, GIULIA TOMASELLO, JAMES CHE E MICHAEL CALABRESE

Alma é um vestível não invasivo baseado em um biossensor, conectado com um aplicativo para celular que detecta infecções vaginais.

De acordo com o grupo de pesquisadores e designers envolvido no projeto, infecções vaginais, como *candida vulvovaginitis* e vaginose bacteriana, representam um significante fardo na saúde íntima da mulher e podem repercutir negativamente na qualidade de vida delas, com a ocorrência de estresse, baixa autoestima e confiança, especialmente se a ocorrência é frequente. O estigma social sobre essas condições de saúde impede a normalização do discurso sobre infecções uroginecológicas e pode contribuir para a não busca de tratamento, o que pode trazer sérios riscos à saúde da mulher.

Esse projeto, ainda em fase de desenvolvimento, tem como base um biossensor capaz de detectar o pH e o ácido lático de secreções vaginais. Esses dados são coletados e utilizados para criar um perfil fisiológico individual por um determinado período de tempo. Esses dados são visualizados em um aplicativo para celular e poderão também ser utilizados em pesquisa e como informação médica da paciente.

Figura 2.
Alma.
Fotografia: Giullia Tomasello.

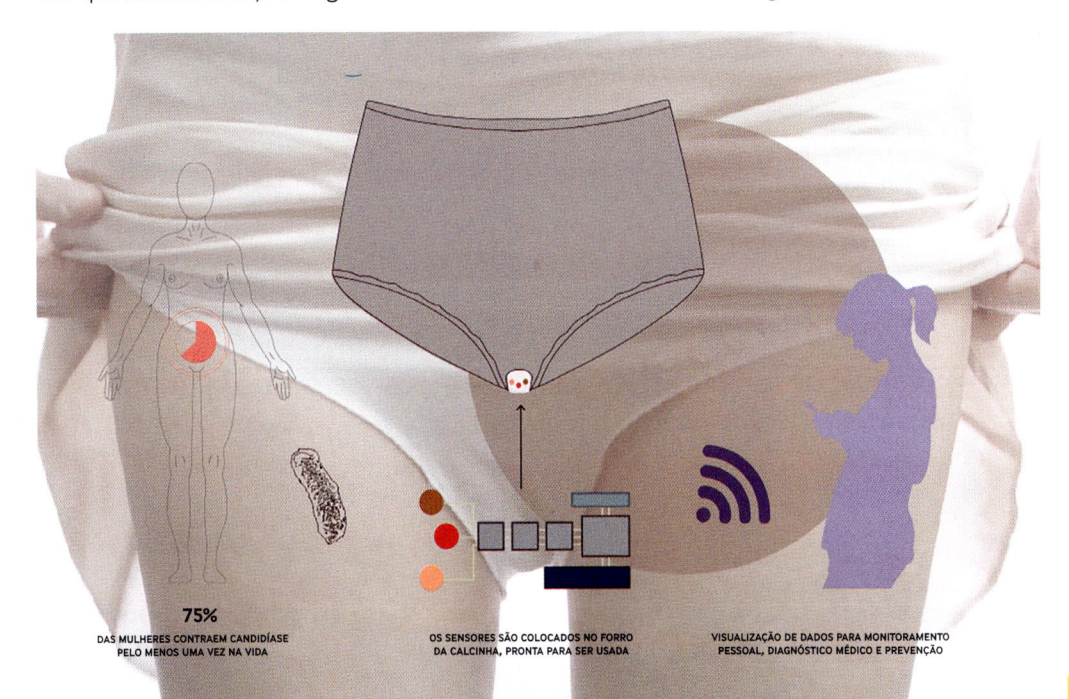

75%
DAS MULHERES CONTRAEM CANDIDÍASE PELO MENOS UMA VEZ NA VIDA

OS SENSORES SÃO COLOCADOS NO FORRO DA CALCINHA, PRONTA PARA SER USADA

VISUALIZAÇÃO DE DADOS PARA MONITORAMENTO PESSOAL, DIAGNÓSTICO MÉDICO E PREVENÇÃO

CORAL LOVE STORY CHAPTER #1: GETTING ACQUAINTED (2017), DE KASIA MOLGA E PRODUÇÃO ELECTRONUDES

Essa peça performática é composta por um vestível interativo que colhe dados de estações marinhas localizadas na grande barreira de corais na Austrália e uma dançarina. Essa é uma peça sobre nossa conexão com os corais. Segundo a artista, para podermos nos compadecer dessa espécie em risco devemos primeiro nos apaixonar por ela – o que é bastante complicado, já que a maioria da população mundial vive em cidades e longe do hábitat dessas maravilhosas criaturas que são justamente afetadas pela poluição dos oceanos.

Essa performance é sobre um futuro imaginado, sobre uma roupa que pode ser usada para nos apaixonarmos pelos corais. O vestível é capaz de reagir em tempo real aos alertas de destruição dos corais, informando o expectador por meio de mudanças na cor do vestível e suaves vibrações, provocadas por motores acoplados à peça. O projeto foi apresentado em forma de performance e vídeo, que pode ser acessado pelo link: https://vimeo.com/211299558.

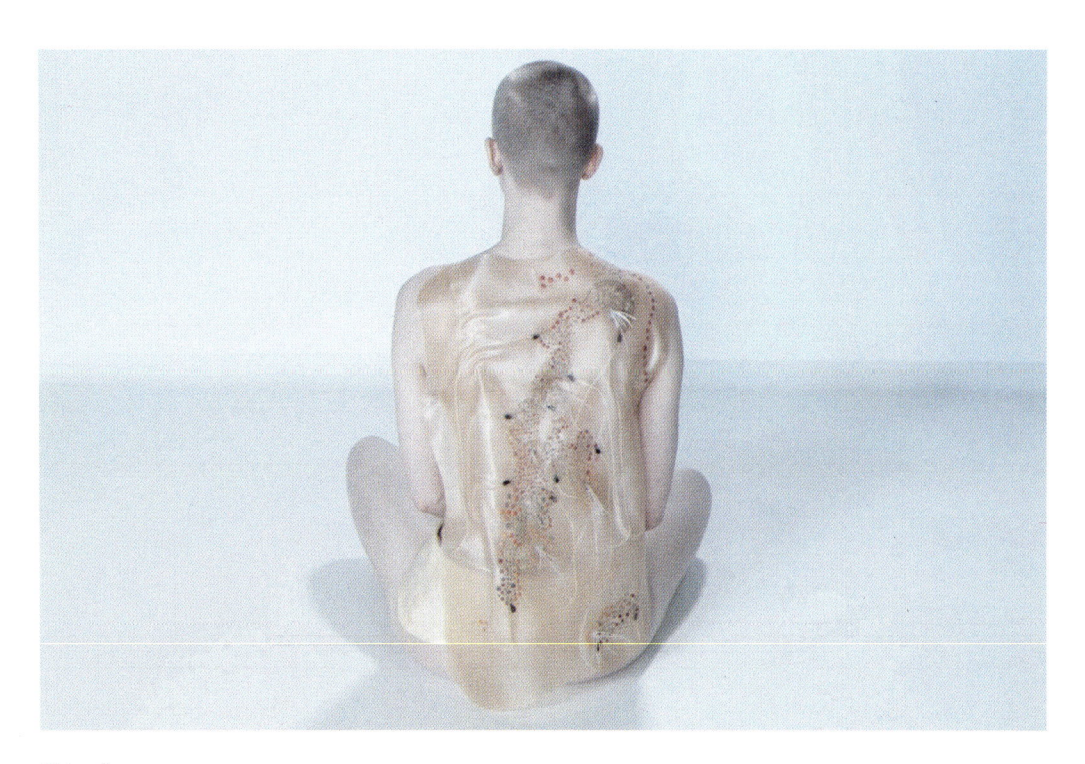

Figura 3.
Coral Love Story.
Crédito: Frame da videoperformance.
Videografia: Local Androids.

Figura 4.
Performance Hacking the Body 2.0: Flutter/Stutter.
Fotografia: Rebecca Stewart.

HACKING THE BODY 2.0: FLUTTER/STUTTER (2016), DE KATE SICCHIO, CAMILLE BAKER, TARA BAOTH MOONEY E REBECCA STEWART

Flutter/Shutter é uma peça de dança baseada na improvisação de movimentos e usa sensores flexíveis conectados em uma rede sem fio que aciona sons e suaves vibrações que foram usados pelos dançarinos para inspirar os movimentos. A performance visa reapropriar a tecnologia utilizada em vestíveis comerciais e utilizá-los em uma performance artística. A partir da performance, o projeto tem como objetivo comunicar novas formas de engajamento, com o corpo, tecnologia e sensações corporais.

Figura 5.
Vestido Tremor (2017),
de Melissa Coleman e Leonie Smelt.
Fotografia: Claudia Rocha.

TREMOR (2017), DE MELISSA COLEMAN E LEONIE SMELT

Tremor é um vestido que mostra, por meio de um efeito de luz, cada vez que uma mulher morre em decorrência de um aborto feito em condições precárias. Ele utiliza dados disponíveis on-line e cria essa visualização, demonstrando como a Internet das Coisas pode ser usada em peças que têm como objetivo realizar uma crítica social. Esse projeto teve apoio da Embaixada da Holanda, em Londres.

TUTORIAL

CHAPÉU COM SOM CONTROLADO VIA BLUETOOTH

Este tutorial utiliza partes do kit Nana para construir um chapéu que produz sons conforme o usuário toca as teclas de um piano virtual, a partir de um aplicativo para celular. A conexão entre o chapéu e o aplicativo é feita por Bluetooth. Também é possível confeccionar as conexões utilizando as técnicas de circuito flexível que abordamos no capítulo 11.

» O passo a passo pode ser encontrado em:
http://www.nana-kit.com/chapeubluetooth#/

Um dos maiores desafios de um projeto vestível é a fonte de energia. Novas tecnologias têm sido desenvolvidas para otimizar o consumo e a fonte de eletricidade. Hoje em dia temos desde pequenas baterias flexíveis a micropainéis solares que possibilitam uma fonte estável, ao mesmo tempo que ocupam pouco espaço no design. Protocolos, como o Bluetooth Low Energy, também são fundamentais para manter o consumo de eletricidade baixo e assim aumentar o tempo em que a peça pode permanecer em operação.

Steve Mann, um dos pioneiros em tecnologia vestível, diz que, para um aparelho ser considerado vestível, ele deve estar sempre ligado e acessível. De acordo com Mann, vestível é um aparelho que está sempre com o usuário, e este pode sempre adicionar comandos e executá-los de maneira que ele ou ela não precise parar o que está fazendo (MANN, 2009).

Este capítulo apresenta diversas maneiras de alimentar um projeto vestível com eletricidade. Todos elas apresentam vantagens e desvantagens, que devem ser avaliadas de acordo com as especificidades de cada projeto. Assim você terá as informações básicas para escolher o tipo certo de alimentação para o seu projeto.

Antes de escolher o tipo de bateria, é importante saber quanta eletricidade o seu circuito utilizará quando estiver em funcionamento. Para a grande maioria dos circuitos, o caminho mais simples é listar todos os componentes eletrônicos e somar a corrente máxima utilizada em cada um. Em geral, isso é suficiente para ter a informação de que precisamos. A partir do valor obtido podemos, então, escolher uma bateria que atenda ou exceda esses valores.

PILHAS, BATERIAS E OUTRAS MANEIRAS DE ALIMENTAR PROJETOS VESTÍVEIS

Tomemos como exemplo uma pilha recarregável AAA, de 1,5 V. De acordo com as informações técnicas, esse tipo de pilha pode entregar 750 mA por hora ou metade disso, no dobro do tempo. Se temos três pilhas AAA em um suporte de bateria, teremos a tensão elétrica de 4,5 V e os mesmos 750 mA por hora.

Um circuito comum no universo dos vestíveis é composto por uma placa microcontrolada e alguns leds. Uma placa microcontrolada comum, como o Flora (30 mA), e oito leds (por exemplo, o azul, que consome 20 mA), gera um consumo total de 190 mA por hora:

$$30 + (20 \times 8) = 190 \text{ mA}$$

Se usarmos 3 pilhas AAA (750 mA), o projeto funcionará por quase 3 horas:

$$\frac{750 \text{ mAh}}{190 \text{ mA}} = 3,95 \text{ horas}$$

É importante atentar-se para o fato de que o consumo de eletricidade vai depender muito da programação utilizada. No caso dos leds, se deixarmos acesos o tempo todo, o circuito irá consumir mais do que se eles estiverem piscando, por exemplo. A intensidade também é uma variável que influencia muito.

Ter uma fonte de alimentação que "exceda" a corrente máxima é recomendável, para aumentar o tempo de vida da bateria.

Uma outra maneira de saber a corrente consumida por um circuito eletrônico é utilizando um multímetro. No capítulo 4 abordamos com detalhes como utilizar o multímetro para essa e outras finalidades.

9.1. PILHAS ALCALINAS & NI-MH PACKS

As pilhas alcalinas recarregáveis são fáceis de se encontrar e práticas para alimentar o seu projeto vestível. Cada pilha adiciona 1,5 V na tensão elétrica total. Para a maioria dos vestíveis, podemos utilizar de 2 a 4 pilhas para obtermos 5 V. Elas podem ser encontradas com tensão elétrica entre 1,5 e 9 V.

» **Vantagens:** bastante comum e barata.

» **Desvantagens:** pode ser pesada e não recarregável.

> Para conectar a pilha em seu projeto é recomendável utilizar um fio, em vez de linha condutiva.

9.2. BATERIAS LÍTIO-ÍON RECARREGÁVEIS

Se você já tem mais experiência em projetos de tecnologia vestível, as baterias de lítio recarregáveis são uma boa opção, por possuírem diversos formatos e poderem chegar a tamanhos bem pequenos, sendo utilizadas em joias e relógios.

Existem diversos tipos de químicas para baterias lítio-íon recarregáveis.

Baterias lítio-íon são normalmente retangulares ou cilíndricas. Elas são um pouco mais pesadas e mais resistentes, sendo usadas em baterias de computadores portáteis. Podem ser encontradas em tensões elétricas de 1,5 a 7,5 V, com as seguintes denominações: lítio-íon, li-íon, liIon ou LiCo (lítio cobalto).

As baterias de polímeros de lítio são normalmente comercializadas como finos retângulos em uma bola prata. Elas têm uma proteção delicada e são bem sensíveis. Elas são um pouco mais leves e têm capacidade um pouco mais baixa. Você pode encontrá-las com os seguintes nomes: baterias de polímeros de lítio, Li-Poly, LiPoly ou LiPo.

Apesar da diferença na composição, esses dois tipos de bateria são bastante similares.

Dependendo da química utilizada na bateria de lítio, ela é comercializada em diferentes tensões elétricas. A grande maioria é de 3,7 V ou 4,2 V. Isso significa que a tensão elétrica máxima da célula é de 4,2 V e a tensão elétrica nominal é de 3,7 V. Conforme a bateria é utilizada, a tensão elétrica vai caindo até chegar a 3,0 V, que é a tensão elétrica mínima. Para não descarregar abaixo da tensão elétrica mínima, algumas baterias possuem um circuito de proteção, que monitora a tensão elétrica da bateria e a corrente que está saindo. Para saber se a sua bateria possui um circuito de proteção, é recomendável conferir na folha de dados ou verificar se a bateria tem uma parte extra, protegida com fita isolante. Impressa na bateria está a tensão elétrica (3,7 V).

As baterias de lítio são mais frágeis que as pilhas alcalinas e devem ser manuseadas com cuidado, para evitar acidentes. Elas realmente pegam fogo!

Nunca perfure, torça ou esmague a bateria. Para proteção extra, é recomendável desenhar um case para a bateria ou um bolso com material antifogo.

Esse tipo de bateria também esquenta muito enquanto está carregando, devendo ser carregada quando estiver desconectada da roupa e longe do corpo. Esse tipo de bateria demanda um carregador especial, que conecte a uma saída USB.

> Quando for comprar sua bateria, preste atenção para adquirir um carregador adequado. Sobrecarregar uma bateria de 3.6 V com um carregador de 4.2 V pode danificar a bateria ou até mesmo causar um incêndio!

» **Vantagens:** recarregável, relativamente compacta, tem uma grande capacidade de armazenamento em relação ao pouco tamanho.

» **Desvantagens:** podem ser caras, necessitam conectores específicos para serem ligadas aos circuitos.

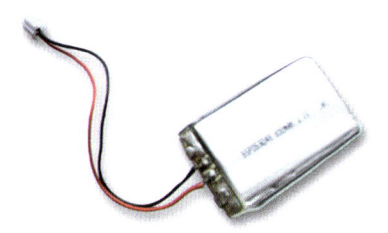

Figura 1.
Bateria de lítio.
Fotografia: Ricardo O'Nascimento.

9.3. POWER BANK

Considerando que hoje levamos conosco cada vez mais aparatos eletrônicos durante o dia, os power banks se tornaram bastante populares por proporcionar um carregamento "on the go". Estudos comprovam que ficar com o celular em um nível crítico de bateria causa inclusive ansiedade. Os power banks são encontrados em diversos tamanhos e cargas, entregando 5 V de forma contínua e estável.

Baterias power bank são similares aos modelos de íons de lítio que acompanham os smartphones. No entanto, elas podem tanto fornecer quanto receber recarga de energia por meio de portas USB. Essa facilidade de recarga sem precisar de um carregador específico faz dessa opção uma das mais atraentes para quem desenvolve projetos vestíveis.

Para poder escolher o modelo mais adequado, é necessário saber a quantidade de ciclos que o equipamento suporta, até que comece a perder carga.

O power bank pode ser composto por baterias de polímero de lítio ou de íon de lítio.

» **Vantagens:** robusto, diversos formatos, fácil de carregar.

» **Desvantagens:** precisa de um conector USB, tamanho.

> Procure evitar recargas completas, indo de 5% a 100%, por exemplo, para manter seu power bank com uma vida útil longa.

Figura 2.
Imagem de um power bank.
Fotografia: Ricardo O'Nascimento.

9.4.
PILHAS MOEDA

As pilhas moeda entregam uma tensão elétrica relevante, porém não conseguem manter a carga por muito tempo, sendo indicadas para circuitos de baixo uso de corrente.

A maioria das pilhas tipo moeda são baterias de lítio (3 V). Elas são bem pequenas e leves, ideais para aparatos pequenos e de baixo consumo. Elas são relativamente baratas e fáceis de encontrar. No entanto, elas não são recarregáveis e têm uma alta resistência interna, que impossibilita uma corrente contínua alta: 0,005 C é o valor mais alto com que esse tipo de pilha consegue trabalhar antes de perder sua potência.

» **Vantagens:** leve, densidade alta, pequena, barata, fácil de encontrar, pode ser recarregável ou não.

» **Desvantagens:** corrente baixa, precisa de um suporte de bateria.

Figura 3.
Uma pilha das mais populares é a CR032, que tem 20 mm de diâmetro × 3,2 mm de grossura, entregando 220 mAh a 3 V.
Fotografia: Ricardo O'Nascimento.

Ao desenvolver um projeto vestível, a posição da bateria é muito importante: é preciso que esteja seguramente isolada do corpo e que haja fácil acesso para recarga e eventual troca. No caso de wearables para performance e exposições, é sempre bom ter uma bateria reserva por perto; assim, enquanto uma está carregando, a outra está na peça.

9.5.
ENERGIA SOLAR

Fontes alternativas de energia que sejam mais sustentáveis e causem menos danos ao meio ambiente constituem hoje um campo de pesquisa bastante ativo. A captação de energia por meio de células solares é uma tecnologia que tem se aplicado com frequência em projetos de vestíveis. Hoje encontramos bolsas, casacos e jaquetas com tecnologia de captação de energia solar.

As células solares ou fotovoltaicas são capazes de transformar luz em eletricidade por meio de um processo conhecido como efeito fotoelétrico. Dependendo de como são configuradas, a taxa de eficiência da conversão pode ultrapassar 30%. Elas funcionam tanto com a luz do sol como com a luz artificial e, normalmente, geram tensão elétrica entre 0,5 V e 1,2 V.

As células solares mais fáceis de serem encontradas no mercado são pequenas e finas, porém também existem células solares flexíveis, como a usada pela designer holandesa Pauline van Dongen, em sua solar shirt (ver capítulo 2).

» **Vantagens:** fonte de energia limpa e renovável, extremamente portátil.

» **Desvantagens:** para gerar uma quantidade significativa de eletricidade, é preciso uma área relativamente grande; alto preço.

9.6. OUTRAS FORMAS DE GERAR ELETRICIDADE

BIOBATERIAS

O time de pesquisadores da Universidade da Califórnia (EUA), liderado pelo professor Joseph Wang, desenvolveu uma biobateria elástica, que é capaz de gerar eletricidade a partir do suor. Os cientistas usaram litografia e serigrafia para criar um nanotubo flexível, com base em uma matriz que oxida as enzimas de ácido lático presente no suor humano, gerando corrente. Os cientistas conseguiram alimentar um led por até 4 horas durante um exercício de bicicleta. Além do led, eles conseguiram alimentar um circuito Bluetooth Low Energy (BLE). Ainda em fase experimental, esse tipo de bateria pode revolucionar o campo da tecnologia vestível.

» **Vantagens:** fonte de energia limpa.

» **Desvantagens:** ainda em fase experimental, pouca capacidade de carga.

TERMOBATERIAS

Thermoelectric generator technology (TEG) é uma tecnologia que gera eletricidade a partir da diferença de temperatura. Esse sistema pode ser utilizado em usinas de energia, para converter o calor em eletricidade, e também em carros, para aumentar a eficiência do uso de combustível. Esse sistema, descoberto no início do século XIX por Thomas Johann Seebeck, tem sido aperfeiçoado e já pode gerar níveis de tensão elétrica utilizáveis em componentes eletrônicos.

» **Vantagens:** fonte de energia limpa.

» **Desvantagens:** tecnologia de difícil acesso.

9.7. CONEXÃO EM SÉRIE × CONEXÃO EM PARALELO

Existem duas formas de se conectar componentes em um circuito: em paralelo ou em série. Os componentes que estão conectados em série possuem a mesma corrente fluindo através deles. Já aqueles que estão conectados em paralelo possuem correntes distintas e únicas.

Para conectar componentes em série, ligamos todos os componentes em um único caminho. Já quando queremos ligá-los em paralelo, precisamos criar diversos caminhos paralelos entre os componentes.

Quando falamos em baterias, esse conceito é muito importante, pois a partir dele podemos modificar a tensão elétrica ou a carga que estamos gerando. Quando ligamos duas baterias em paralelo, o valor final da tensão elétrica se mantém igual, porém a carga se multiplica pelo número de baterias. Quando ligamos duas baterias em série, a tensão elétrica se multiplica, porém a carga se mantém a mesma.

> Ao utilizar baterias de lítio, não é recomendável ligá-las em série por motivo de segurança — especialmente se forem de fabricantes diferentes. Cada bateria tem uma química específica, e conectá-las em série pode danificá-las.

Para a construção de tecidos e roupas foram desenvolvidas diversas técnicas manuais que transformam fibra em linha, linha em tecido e tecido em padrões que são costurados em formato tridimensional, com variações em cada etapa desse processo. No entanto, processos tradicionais possuem limitações que estão sendo superadas com o uso de tecnologia.

Com o surgimento dos computadores, novos processos foram introduzidos, transformando o modo de se fazer roupa, especialmente quando falamos de vestíveis ou roupas interativas.

Neste capítulo iremos abordar alguns programas e técnicas digitais que podem ser utilizados. Dependendo do que você está acostumado, um programa é mais adequado do que o outro, considerando-se a curva de aprendizado, e isso é especialmente verdadeiro para programas de modelagem em 3D, que exigem um tempo maior até que se obtenhm resultados satisfatórios.

10.1.
PROGRAMAS 2D

O processo tradicional de se fazer roupa utiliza um processo bidimensional: o tecido é cortado em formas planas, que depois são costuradas em formato tridimensional. Esse processo pode ser feito à mão ou digitalmente, o que pode impactar o tempo de produção e eficiência.

Programas de desenhos gráficos, como o Adobe Illustrator e o CorelDRAW, e programas CAD (Computer Aided Design), como o AutoCAD e o Vectorworks, proporcionam funcionalidades para desenhar pa-

FERRAMENTAS DIGITAIS PARA VESTÍVEIS

drões em 2D. Esses programas podem exportar o desenho como vetor gráfico, que é uma maneira de representação de desenhos utilizando uma série de coordenadas (x,y). Tais coordenadas digitais, diferentemente do que ocorre com imagens baseadas em pixels — como aquelas trabalhadas no Adobe Photoshop —, podem ser enviadas para diversos tipos de máquinas de fabricação digital de dois eixos, como cortadoras a laser, cortadoras de vinil, impressoras de papel e plotters.

Os formatos mais comuns utilizados em máquinas de fabricação digital de dois eixos são: .dxf, .dwg, .ai e .pdf.

10.2. PROGRAMAS 3D

Com a crescente popularização, o custo cada vez mais baixo e a possibilidade de produção ultracustomizada, de acordo com a demanda, a impressão 3D tornou-se um dos mais novos e excitantes recursos para a construção de vestíveis.

Os programas para modelagem 3D foram desenvolvidos para atender a demandas de diferentes áreas, como desenho de produtos, computação gráfica e animação e arquitetura. Como podemos ver, o foco não tem sido o setor têxtil, mas isso vem mudando, com o lançamento de programas especificamente desenvolvidos para o mundo da moda, como veremos mais adiante.

Existem diversos programas de modelagem 3D, e cada um tem suas vantagens e desvantagens. A melhor escolha é aquela que funcionar para você. Se você gosta de representação geométrica, talvez a melhor opção sejam os programas voltados para o desenvolvimento de produtos, como o SOLIDWORKS, o Autodesk Fusion 360 e o OpenSCAD. Designers que gostam de criar desenhos mais orgânicos e fluidos devem considerar os programas mais voltados para animação, arquitetura e computação gráfica, como o Rhinoceros 3D, Blender ou Autodesk Maya.

Em relação ao custo, os programas Blender e OpenSCAD são gratuitos, de código aberto (open source) e possuem uma vasta documentação. Os produtos da Autodesk são gratuitos somente para estudantes, e a empresa oferece diversos cursos on-line. O programa Rhinoceros 3D tem uma interface relativamente simples e abre várias possibilidades com o uso do plug-in Grasshopper. Maya é o mais poderoso de todos, mas com uma curva de aprendizado alta.

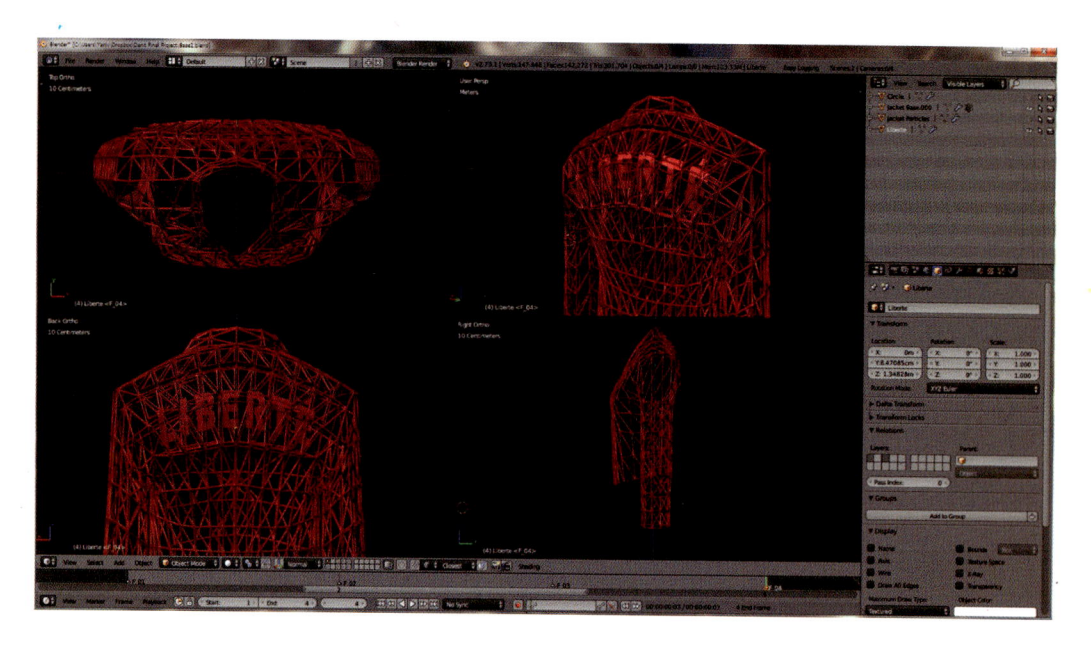

Figura 1.
Processo de modelagem
da designer Danit Peleg.
Fotografia: Danit Peleg.

COMO PREPARAR UM MODELO 3D PARA IMPRESSÃO

Depois de modelar o seu projeto, é necessário observar algumas especificidades para evitar problemas na impressão, como veremos a seguir.

Watertight / non-manifold

Um objeto, para ser impresso, não pode ter nenhum furo. Antes de imprimir, imagine que o seu objeto está cheio de água. Se a água vazar por algum buraco, é necessário fechá-lo antes de mandar para a impressão.

Espessura da parede e volume

As paredes do objeto impresso (walls) devem ter algum tipo de espessura para o objeto ser impresso. Quando modelamos em um programa de modelagem 3D, por exemplo, é possível desenhar paredes sem espessura. No entanto, impressoras 3D necessitam dessa informação para imprimir um objeto sólido. Assim, a espessura é um fator muito importante para o sucesso da sua impressão.

A espessura da parede é a distância entre uma superfície de seu modelo 3D e a superfície oposta. A espessura mínima vai depender do processo de impressão escolhido e do material.

Autointerseções/ sobreposição interna/ superfícies de autointerseção

Um modelo visto de fora pode parecer perfeito para impressão. No entanto, interseções podem inviabilizar a impressão e deixar a impressora confusa sobre o que imprimir. Interseções e paredes dentro do desenho podem ser um problema e devem ser eliminados. Em muitos casos, esse problema é resolvido realizando uma operação booleana — uma função que ajuda a fundir vários elementos sobrepostos.

Detalhes pequenos e textos em relevo ou gravados

Detalhes como decorações e textos em relevo ou gravados precisam ter um certo tamanho para que sejam visíveis. O tamanho mínimo vai depender do material escolhido e do tipo de impressão. Certifique-se de que o texto tenha um tamanho compatível. Um tamanho seguro é de 0,5 mm ou mais.

Espaços vazados

Se um modelo é vazado ou oco, então o seu interior não será sólido. Um desenho sólido é mais resistente e difícil de quebrar, porém é também mais caro e utiliza mais material. Em um modelo oco, seu interior será vazio, o que irá diminuir a quantidade de material e o tempo de impressão.

Resolução do arquivo

O tipo de arquivo mais comum para impressão 3D é o STL (Standard Triangle Language), quando o desenho é convertido em triângulos. Os programas de modelagem 3D oferecem a opção de exportar nesse formato e de escolher a resolução adequada.

Quando exportamos um arquivo em .stl, o programa irá perguntar sobre a taxa de tolerância para a exportação, que é definida pela distância máxima entre a forma original e a malha STL que estamos exportando. Um valor seguro é 0,01 mm. Um valor menor do que esse não será levado em consideração, porque as impressoras 3D não conseguem imprimir nesse nível de detalhe e isso iria gerar um arquivo desnecessariamente pesado.

Por outro lado, ao se exportar com valor de tolerância maior do que 0,01 mm, os triângulos podem ficar visíveis no objeto depois de impresso.

10.3. DIGITALIZANDO CORPOS

Uma das vantagens da modelagem 3D para a criação de vestíveis é poder escanear o corpo da pessoa para a qual a peça está sendo criada e modelar a peça de acordo com as medidas personalizadas. Esse recurso proporciona uma possibilidade de customização que, quando combinada com técnicas de design paramétrico, permite alterações, de maneira simples e automatizada.

O processo de captura de corpos em 3D se chama escaneamento 3D, e é realizado a partir da captura por meio de um aparelho — ou câmera de celular — e posterior processamento digital por um programa que vai transformar a informação em uma malha 3D. Essa malha 3D poderá então ser importada para um programa de modelagem 3D.

Durante o processo de digitalização, é importante atentar-se à resolução da malha 3D. Uma resolução muito baixa pode comprometer as formas do corpo, e uma resolução muito alta pode deixar o arquivo muito pesado, inviabilizando a importação para o programa de modelagem 3D.

Os principais processos de escaneamento digital são: fotogrametria, câmeras de profundidade e escaneamento com luz estruturada.

FOTOGRAMETRIA

Fotogrametria é uma técnica que visa definir com precisão a forma, a dimensão e a posição no espaço de um objeto, a partir de diversas fotografias dele. Para essa técnica, é possível utilizar um aplicativo chamado ReCap360, sucessor do famoso 123D Catch. O ReCap360 não funciona em iPhones, mas é possível fazer uploads das imagens na versão para computador, disponível gratuitamente para usuários registrados.

CÂMERAS DE PROFUNDIDADE

Câmeras de profundidade utilizam raios infravermelhos para determinar formas tridimensionais no espaço. Os raios são projetados na direção do objeto, e o sistema captura o reflexo desses raios para calcular a malha 3D. Esse processo não é dependente de luz externa e pode ser realizado até mesmo no escuro, mas há uma restrição quanto a objetos brilhantes. Quando o objeto possui uma superfície brilhante e refletora, os raios são refletidos para longe do sensor, prejudicando o escaneamento. Por isso, ao escanear uma pessoa, retire objetos brilhantes, como joias e óculos — às vezes até uma pele muito oleosa pode causar interferência.

ESCANEAMENTO COM LUZ ESTRUTURADA

Esse processo funciona projetando um padrão de luz estruturada em um objeto, que depois é filmado — geralmente por duas câmeras — para captar as formas, agora deformadas pela superfície do objeto. A malha 3D é calculada a partir da triangulação dessas múltiplas imagens.

O melhor processo de escaneamento digital deve ser escolhido de acordo com o seu orçamento, o lugar onde o escaneamento será feito e a resolução que se pretende obter.

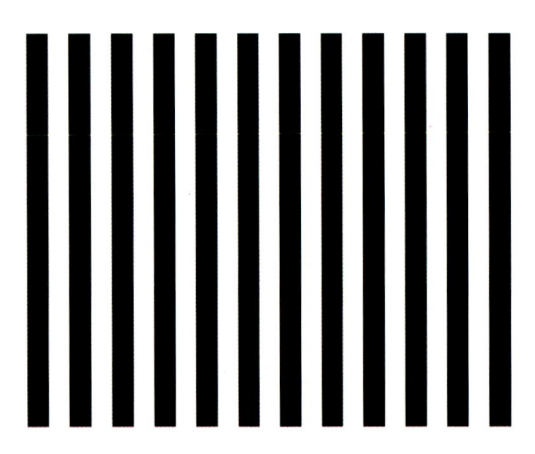

Dicas

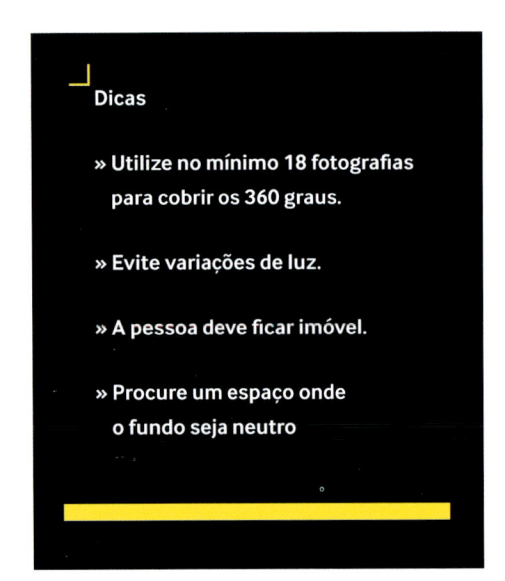

» Utilize no mínimo 18 fotografias para cobrir os 360 graus.

» Evite variações de luz.

» A pessoa deve ficar imóvel.

» Procure um espaço onde o fundo seja neutro

Figura 2.
Padrão de listras para escaneamento de luz estruturada.
Ilustração:
Ricardo O'Nascimento.

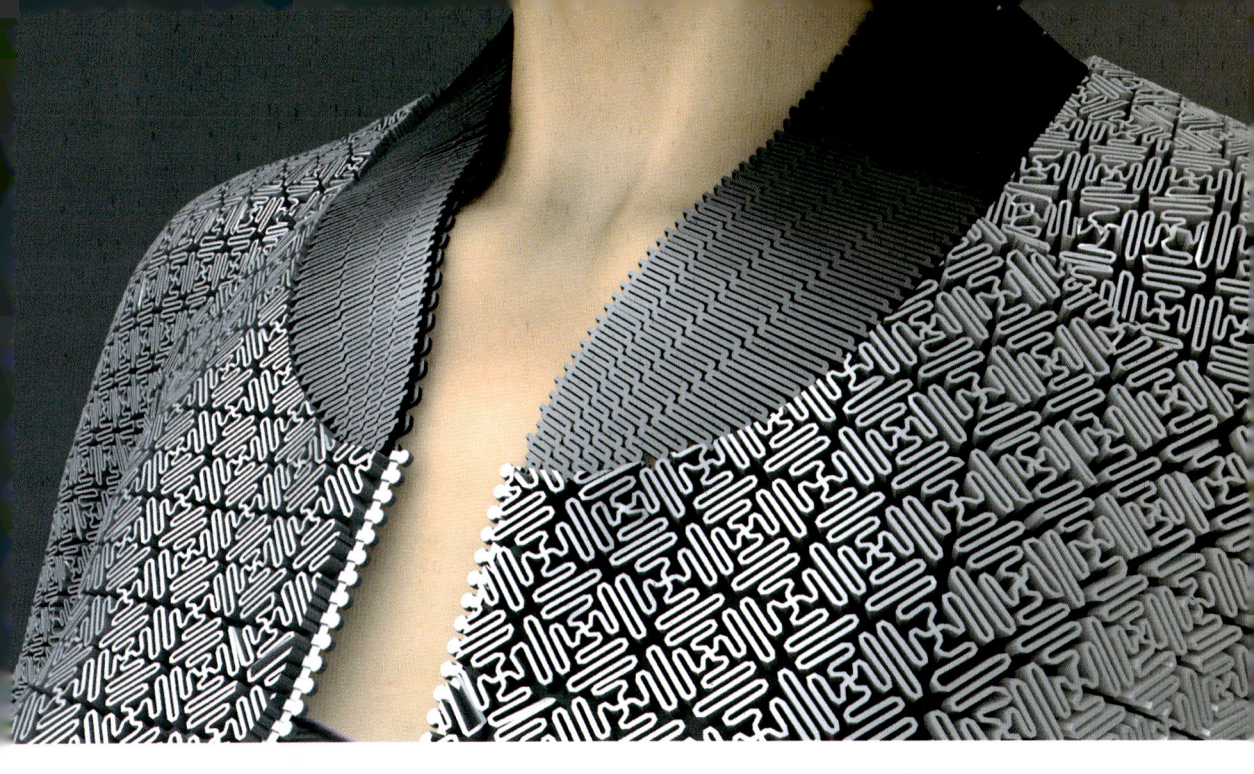

Figura 3.
Simulação em 3D do modelo desenvolvido pela designer Danit Peleg.
Imagem: Danit Peleg.

10.4. PROGRAMAS DE DESENHO DE PADRÕES E SIMULAÇÃO 3D

CLO 3D

Clo 3D é um programa que cria versões de roupas e produtos em tecido em 3D a partir de arquivos de padrões de corte. Essa tecnologia possibilita a visualização da roupa em tempo real. Cada modificação no padrão afeta a simulação digital da roupa em um manequim digital. Também é possível aplicar diferentes materiais, que terão caimentos distintos.

Esse programa elimina a necessidade de revisão de amostras e otimiza a produção de roupas. Com ele é possível criar uma coleção inteira digitalmente, incluindo um desfile com modelos virtuais vestindo as criações. O realismo é impressionante.

www.clo3d.com

EMBROIDERYSTUDIO

EmbroideryStudio é um programa para a criação de padrões para máquinas de bordar digitais, da Wilcom.

www.wilcom.com

POINTCARRÉ

A empresa possui diversos programas CAD para a criação de estampas em tecidos feitos a partir de maquina de tricô e em teares eletrônicos. Ele permite a visualização do trabalho final e sua aplicação em uma peça de roupa em formato digital, facilitando o processo de produção.

https://www.pointcarre.com/

VALENTINA

Valentina é um programa de código aberto para o desenho de padrões para roupas. Com um enfoque social, o projeto acredita que produções menores e customização de tamanhos são essenciais para a criação de um futuro sustentável.

https://valentinaproject.bitbucket.io/

10.5. DESENHO PARAMÉTRICO

No início do capítulo, vimos diversas opções de programas para modelagem 3D, cada um com especificidades que os tornam mais atraentes, dependendo do tipo de abordagem com a qual você está mais acostumado.

Digitalizar um corpo é um ponto de partida muito bom para se criar vestíveis customizados. No entanto, alterar um modelo 3D depois de pronto pode ser bastante trabalhoso, e é justamente nesse quesito que o design paramétrico pode ser muito útil.

Design paramétrico é uma técnica de modelagem que utiliza variáveis para criar e modificar um modelo tridimensional. Em um modelo 3D, vão existir variáveis fixas, que não mudam, e as variáveis abertas, que podem ser modificadas. Por exemplo, no modelo de um vaso, o topo e a base podem ser variáveis fixas, porém o volume e altura podem ser variáveis abertas. A relação entre a altura do vaso e o volume é um parâmetro. Assim, se mudarmos uma variável, todo o modelo se adapta automaticamente a essa variação. Como desenho paramétrico, o vaso depois de pronto pode ser modificado somente mudando uma variável, sem ter de reconstruir nenhuma geometria.

Para vestíveis, essa técnica é muito útil para adaptar um modelo em corpos diferentes, pois simplesmente aumentar ou diminuir o tamanho do modelo inteiro pode não atender às necessidades de cada corpo. Com o design paramétrico é possível fazer ajustes finos apenas mudando algumas variáveis.

Os modelos paramétricos criam formas geométricas a partir de números interdependentes, que podem ser dados bem pessoais, como no exemplo a seguir, que relaciona o desenho ao batimento cardíaco para criar joias ultrapersonalizadas.

PROJETO RELACIONADO

Aura Pendant (2016), de Guto Requena e D3

Aura Pendant é uma joia customizada cujo design é feito a partir de histórias de amor. Esse projeto é composto por um aplicativo que captura as emoções enquanto o usuário narra histórias de amor e gera – a partir do desenho paramétrico – uma joia única de ouro 18k.

O aplicativo captura padrões na voz durante a narrativa e também o ritmo do batimento cardíaco. O programa feito sob medida utiliza esses parâmetros para desenhar a joia, que é então impressa em 3D. Para respeitar a privacidade, a história não é gravada, somente esses dados são capturados.

Figura 4.
Desenhos do projeto Aura Pendant.
Fotografia:
Estudio Guto Requena.

Desde o começo da era dos tecidos eletrônicos, esse campo tem sido documentado e disseminado em comunidades on-line que estão alinhadas com o movimento maker e do faça você mesmo. Os tecidos eletrônicos estão associados hoje em dia com práticas manuais de manipulação de tecido, construídas a partir de componentes eletrônicos open source, combinados com materiais flexíveis condutivos para a construção de eletrônicos flexíveis baseados em tecido. Esse setor, predominantemente formado por amadores e comunidades de habilidades manuais, está prioritariamente interessado em experimentar novos materiais e processos de fabricação. Technocraft é definido pela união das habilidades manuais e novos materiais e processos de fabricação. Suas abordagens lúdicas e fantásticas vêm adicionando novas vozes e perspectivas para a prática de vestíveis. Como ponto de partida para iniciantes, o technocraft tem democratizado o campo e contribuído para a popularização dos vestíveis.

TECHNOCRAFT: FABRICAÇÃO ANALÓGICA E DIGITAL PARA VESTÍVEIS

11.1. IMPRESSÃO 3D

Impressão 3D ou manufatura aditiva é uma técnica de fabricação que está revolucionando a maneira como construímos coisas, incluindo roupas. Com essa técnica, é possível criar objetos a partir de um arquivo digital e construí-los em modos que não eram possíveis anteriormente.

Tecnologia vestível é uma área que vem sofrendo um grande impacto dos avanços da tecnologia de impressão 3D, principalmente. Essa relação vai muito além de simplesmente desenhar e imprimir compartimentos para abrigar componentes eletrônicos.

A impressão 3D é um processo que permite a manufatura de formas complexas em uma só peça, o que permite a confecção de um produto altamente customizado e sem utilizar vários processos e maquinários diferentes, o que acaba tornando a produção mais simples e barata.

Para entender como a impressão 3D funciona, é preciso analisar alguns processos de manufatura.

Até muito pouco tempo atrás, os produtos eram feitos de três maneiras diferentes: manufatura subtrativa, fabricação por moldes e fundição.

A manufatura subtrativa começa com o material inteiro, que é esculpido utilizando máquinas como a CNC (Computer Numerical Control), que vai retirando material até formar o produto final. Um bom exemplo dessa técnica é uma estátua de mármore.

A fabricação por moldes é feita a partir de uma quantidade de material que é submetida a pressão física até ficar no formato desejado. Um exemplo dessa técnica é o vaso de argila.

O processo por fundição é feito a partir de um líquido fundido, que é colocado em um recipiente até endurecer e adquirir a forma e a consistência final. Um exemplo dessa técnica é o ovo de páscoa de chocolate.

Com a impressão 3D, um novo processo foi introduzido. Nele começamos com nada e o material é depositado em camadas, até que o formato do objeto seja atingido. Esse método permite a criação de desenhos que não seriam possíveis utilizando as outras técnicas de manufatura.

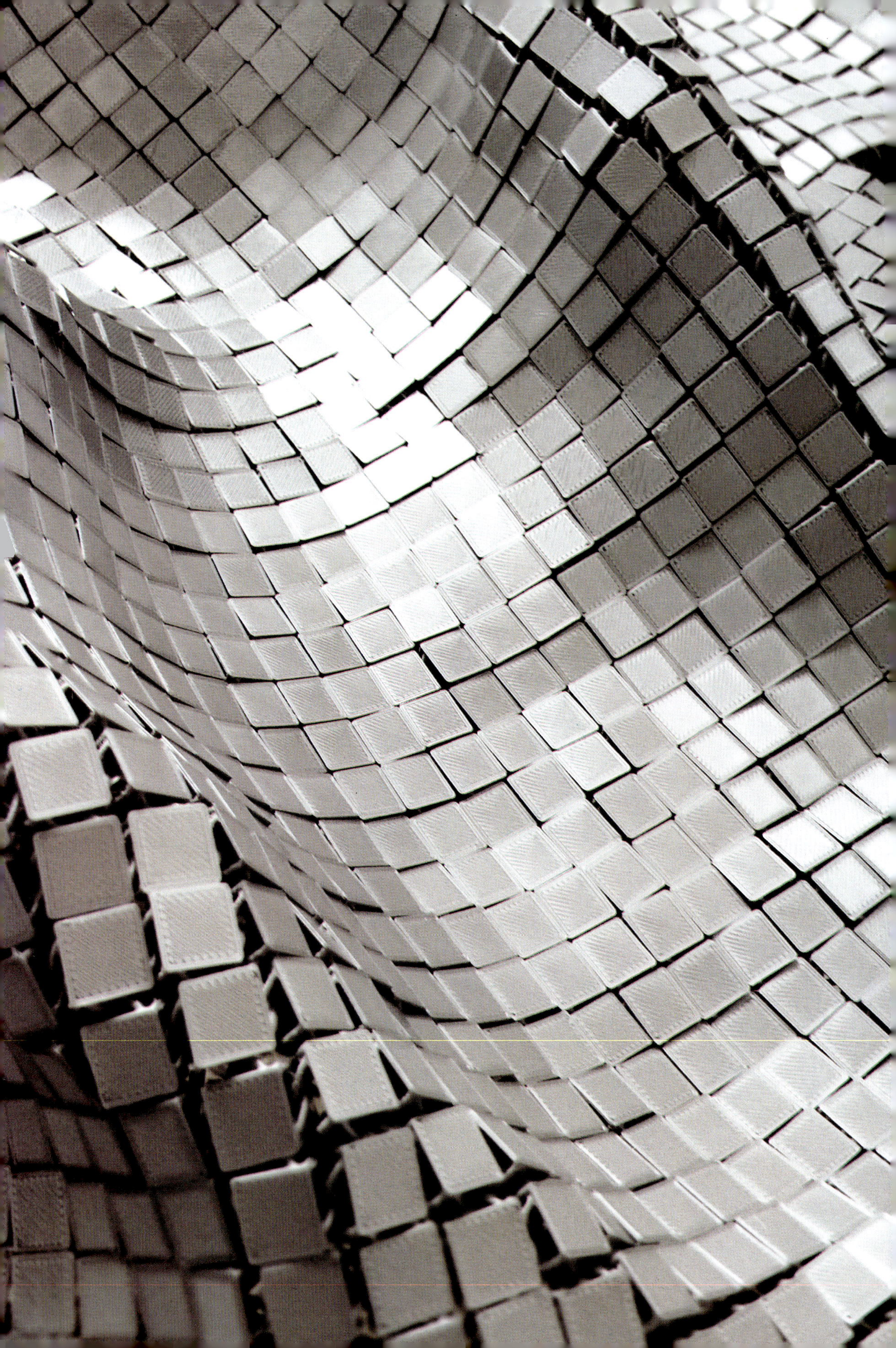

TIPOS DE IMPRESSORAS

Impressão 3D na verdade é um termo utilizado para uma série de técnicas diferentes de processos de impressão. O padrão ISO/ASTM 52900 foi criado em 2015 para criar um padrão no uso das terminologias quando nos referimos aos tipos de impressoras 3D. Existem atualmente sete diferentes categorias de manufatura aditiva identificados e estabelecidos. Esses tipos de processos de impressão deram origem a diferentes tipos de tecnologia de impressão que as impressoras 3D utilizam nos dias de hoje. A seguir, enumero os processos mais populares.

Extrusão de material

» **Processos:** modelagem por fusão e depósito (FDM), fabricação com filamento fundido (FFF)

» **Materiais:** Filamento termoplástico (PLA, ABS, PET, TPU)

» **Precisão:** ± 0,5% (limite mínimo: ± 0,5 mm)

» **Vantagens:** disponível para imprimir diversos materiais, filamentos coloridos

» **Desvantagens:** frágil, não recomendável para partes mecânicas

A extrusão de material é a mais comum e a mais barata modalidade de impressão 3D que existe hoje em dia. Consiste no uso de um filamento sólido de material termoplástico, que é empurrado por meio de um bocal aquecido, derretendo nesse processo. A impressora deposita esse material em uma plataforma de acordo com um padrão determinado por um arquivo digital. O filamento então esfria e se solidifica.

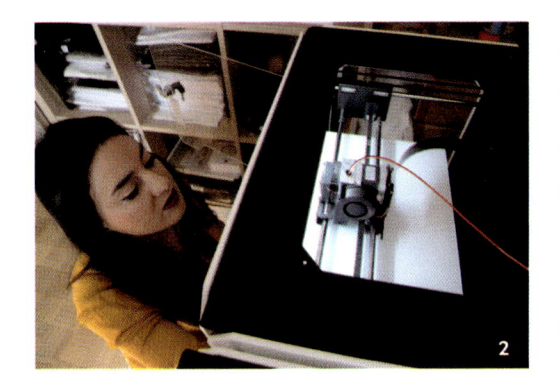

Figura 1.
Impressão usando estrutura em corrente.
Fotografia: Ricardo O'Nascimento.

Figura 2.
Usuária observa o processo de impressão 3D.
Fotografia: Chuic.

Figura 3.
Fundadora da marca espanhola Chuic, Rosa Boluda posa ao lado da impressora de extrusão utilizada pela marca.
Fotografia: Chuic.

Quando uma camada é completada, imprime-se uma outra por cima. Essa ação é repetida até formar o objeto completo.

Dependendo do desenho e da geometria do objeto, é necessário colocar estruturas de suporte. Essas estruturas são necessárias quando, por exemplo, existe um espaço negativo no objeto.

VAT polimerização

- » **Processos:** estereolitografia (SLA), processamento de luz direta (DLP)

- » **Materiais:** resina fotopolímera

- » **Precisão:** ± 0,5% (limite mínimo ± 0,15 mm)

- » **Vantagens:** superfície lisa, alto grau de detalhe

- » **Desvantagens:** frágil, não recomendável para partes mecânicas

Neste processo, a resina é cuidadosamente endurecida por uma fonte de luz, formando o objeto. Esse tipo de impressora utiliza um ponto de laser.

Estereolitografia (SLA)

O SLA foi o primeiro processo de impressão 3D inventado. Apesar de a tecnologia ja ter sido pesquisada antes, o termo SLA foi cunhado em 1986 por Chuck Hull, que patenteou a invenção e fundou a companhia 3D System, que comercializa a impressora.

Esse tipo de impressora utiliza um ponto de laser para endurecer as partes. A desvantagem é que esse processo é mais demorado do que o DLP, por exemplo.

Processamento de luz direta (DLP)

O DLP é bem parecido com o SLA, a diferença é que a DLP utiliza um projetor de luz digital para iluminar uma imagem de cada camada de uma só vez. Como o projetor é uma tela digital, a imagem de cada camada é composta por pixels, resultando na formação de pequenos blocos retangulares, chamados voxels.

A luz é projetada na resina utilizando leds ou uma lâmpada ultravioleta. A luz é direcionada por meio de um aparelho chamado Digital Micromirror Device (DMD), que é na realidade uma malha de microespelhos.

Figura 4.
Impressora da marca Formlabs, que utiliza o processo de impressão DLP.
Fotografia: Ricardo O'Nascimento.

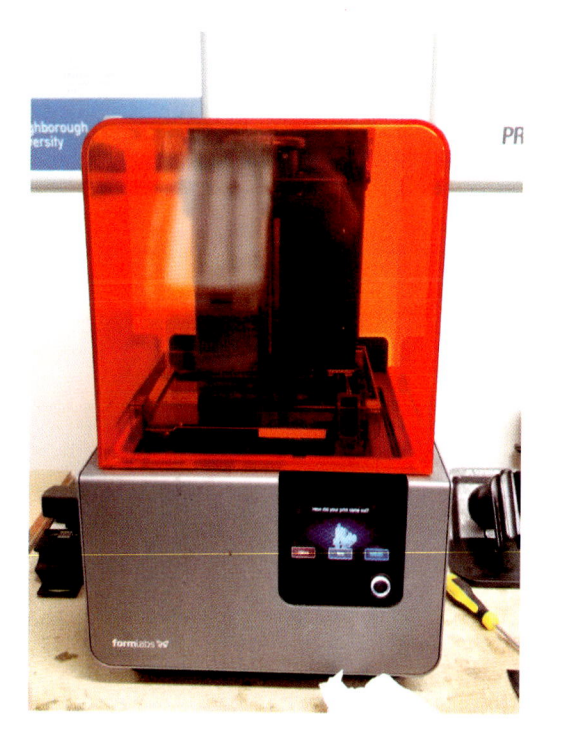

Sistemas de fusão em pó (polímeros)

» **Processos:** sinterização seletiva a laser (SLS)

» **Materiais:** pó termoplástico (Nylon 6, Nylon 11, Nylon 12)

» **Precisão:** ± 0,3% (limite mínimo: ± 0,3 mm)

» **Vantagens:** capaz de imprimir geometrias complexas

» **Desvantagens:** custo alto, maior tempo de espera

Neste caso, utiliza-se uma fonte de energia que induz a fusão entre as partículas de pó dentro de uma área fechada, para criar um objeto sólido. Algumas impressoras que utilizam esse sistema também empregam um mecanismo para aplicar simultaneamente um pó suavizador no objeto que está sendo fabricado. O objeto fica enterrado no pó que não foi utilizado.

Nesse processo, uma câmara com polímero em pó é aquecida até uma temperatura menor do que a temperatura de derretimento do material. Uma pá deposita uma fina camada do pó — normalmente em torno de 0,1 mm de espessura — em uma plataforma.

O laser CO_2 escaneia a superfície e seletivamente (de acordo com o arquivo digital) sintetiza o pó e solidifica uma camada do objeto. Assim que a solidificação ocorre, a plataforma desce o equivalente a uma camada, e o processo se repete até a manufatura completa do objeto. O pó que não foi utilizado pode ser reutilizado e, por permanecer no lugar, não é necessário o uso de estruturas de apoio.

Esse é um dos processos mais utilizados por designers de moda para criar peças complexas.

Jateamento de material

» **Processos:** jateamento de material (MJ), gotas sob demanda (DOD)

» **Materiais:** resina fotopolímera

» **Precisão:** ± 0,1 mm

» **Vantagens:** melhor qualidade de impressão, colorida, capaz de imprimir diversos materiais ao mesmo tempo

» **Desvantagens:** frágil, custo alto

Jateamento de material é um processo em que gotas de material são cuidadosamente depositadas e curadas em uma base. O material pode ser constituído de fotopolímeros ou ceras, curado quando exposto à luz ultravioleta, camada por camada, até o objeto se formar por completo.

Este tipo de tecnologia possibilita o uso de diversos materiais e cores ao mesmo tempo. Objetos feitos a partir desse processo necessitam de um suporte, que é impresso simultaneamente com o objeto e deve ser removido manualmente ao final da impressão.

Figura 5.
Rosa Boludo posa ao lado de diversos filamentos usados na impressão 3D.
Fotografia: Chuic.

TIPOS DE FILAMENTO

Existem diversos materiais que podem ser usados na impressão 3D. Quase que semanalmente é divulgado um material novo, e essa inovação vem crescendo em ritmo acelerado. Já é ultrapassada a ideia de que impressão 3D significa colocar mais plástico no planeta.

A seguir, veremos algumas das principais opções de filamento que estão no mercado.

ABS (acrilonitrila butadieno estireno)

Filamento mais popular por muito tempo, ainda é largamente utilizado por ser robusto e suportar bastante impacto. Ele é forte e levemente flexível, de fácil extrusão.

PLA (ácido poliático)

Filamento bastante utilizado, é um termoplástico biodegradável, feito a partir de fontes naturais, como amido de milho, cana-de-açúcar ou fécula de batata, entre outros amidos renováveis. Diferentemente do ABS, o PLA não produz fumaça durante o processo, o que é mais seguro para impressão em ambiente doméstico e de ensino. Esse material também não contrai quando esfria, o que elimina a necessidade de aquecimento da base da impressora.

PVA (álcool polivinílico)

Trata-se de um filamento plástico especial que se dissolve na água e tem pouca flexibilidade. Ele é normalmente utilizado em adesivos de papel, embalagens plásticas e produtos de higiene feminina. Ele também é bastante popular em artigos de pesca esportiva, onde sacolas cheias de isca são atiradas na água. A sacola se dissolve rapidamente na água, liberando as iscas e atraindo os peixes.

PET (polietileno tereftalato)

Material das garrafas de refrigerante, é completamente transparente em seu estado original. O PET é um termoplástico e tem a possibilidade de ser moldado depois de impresso, com a ajuda de uma chama de fogo (de um isqueiro, por exemplo).

Quadro I – ABS: vantagens × desvantagens

Vantagens	Desvantagens
» forte e durável; » leve e um pouco flexível; » preço (é o mais barato do mercado); » é o material mais utilizado pela comunidade de impressão 3D;	» é à base de petróleo e não biodegradável; » temperatura de impressão alta (210 °C a 250 °C); » produz fumaça, o que pode ser potencialmente tóxico. Por esse motivo, a impressora, para trabalhar com esse material, precisa estar em um ambiente ventilado.

Quadro II – PLA: vantagens × desvantagens

Vantagens	Desvantagens
» produz um cheiro adocicado quando esquentado; » muito fácil de se trabalhar; » ideal para principiantes, por não precisar de muitos ajustes; » tem versão transparente e que brilha no escuro; » biodegradável; » é considerado seguro para alimentos e até implantes; » temperatura de impressão mais baixa (180 °C a 230 °C).	» o material entope com frequência o nariz da extrusora; » atrai moléculas de água e pode quebrar com facilidade; » PLA com saturação de água precisa de uma temperatura de extrusão mais alta.

Quadro III – PVA: vantagens × desvantagens

Vantagens	Desvantagens
» não tóxico; » solúvel em água; » biodegradável; » é considerado seguro para alimentos; » temperatura de impressão mais baixa (180 °C a 230 °C).	» relativa dificuldade de uso, porque atrai água facilmente; » difícil de encontrar; » alto preço.

Quadro IV – PET: vantagens × desvantagens

Vantagens	Desvantagens
» mais flexível, se comparado com o ABS e PLA; » solúvel em água; » suporta temperaturas altas; » forte e à prova de choque.	» absorve água do ar. Necessita ser estocado em lugar seco; » temperatura de impressão mais alta (220 °C a 250 °C).

Quadro V – Nylon: vantagens × desvantagens

Vantagens	Desvantagens
» forte, durável e flexível;	» emite fumaças tóxicas quando derretido;
» 100% termoplástico;	» absorve bastante água;
» pode ser derretido e reutilizado sem perder suas propriedades de união.	» temperatura de impressão alta (240 °C a 250 °C).

Quadro VI – Madeira: vantagens × desvantagens

Vantagens	Desvantagens
» forte, durável e flexível;	» emite fumaças tóxicas quando derretido;
» 100% termoplástico;	» absorve bastante água.
» pode ser derretido e reutilizado, sem perder suas propriedades de união;	
» temperatura de impressão baixa (195 °C a 220°C.	

Quadro VII – Metal em forma de filamento: vantagens × desvantagens

Vantagens	Desvantagens
» durável;	» necessita regular o nariz da extrusora;
» insolúvel;	» demanda regulagem da taxa de fluxo.
» não encolhe depois de esfriado;	
» temperatura de impressão baixa (195 °C a 220 °C).	

Quadro VIII – PLA condutivo: vantagens × desvantagens

Vantagens	Desvantagens
» possibilita imprimir circuitos de baixa tensão elétrica;	» necessita regular o nariz da extrusora;
» é insolúvel;	» demanda regulagem da taxa de fluxo;
» não é necessário esquentar a base de impressão;	» encolhe depois de esfriado;
» temperatura de impressão razoável (215 °C a 230 °C).	» não é seguro para alimentos;
	» preço alto.

Nylon (poliamida)

Polímero sintético utilizado em diversas aplicações industriais, como na impressão de partes mecânicas, brinquedos e ferramentas. Esse material também é bastante conhecido na indústria da moda, em formato de fio.

Madeira (MDF)

Mistura de madeira reciclada com um polímero agregador, a FDM tem aparência e cheiro de madeira. Comporta-se de maneira parecida com o PLA e o ABS, é geralmente utilizada em decorações e em qualquer objeto ao qual se queira dar uma aparência de madeira.

Metal em forma de filamento

Trata-se de uma mistura de um tipo de PLA com metal em pó. Esse tipo de filamento tem um efeito metálico bastante único e interessante, sendo largamente utilizado em joias e réplicas de artefatos.

PLA condutivo

Apresenta diversas possibilidades de usos, uma vez que podemos imprimir o produto e o circuito eletrônico de uma só vez. Esse material inclui partículas de carbono que possibilitam imprimir caminhos para correntes de baixa tensão elétrica, que podem ser utilizadas para leds e sensores. Esse tipo de filamento é especialmente interessante para a tecnologia vestível, justamente por essa característica.

TPE flexível

Esse filamento é composto por elastômeros termoplásticos, o que dá flexibilidade ao material. Ele tem o toque de uma borracha e também se comporta como uma. Esse é sem sombra de dúvidas o tipo de filamento mais utilizado para tecnologia vestível e para imprimir roupas. Uma marca conhecida é a Filaflex.

Quadro IX – TPE flexível: vantagens × desvantagens

Vantagens	Desvantagens
» toque emborrachado e consistente;	» dificuldade de encontrar a regulagem adequada;
» temperatura de impressão razoável (225 °C a 235 °C).	» necessita regular o nariz da extrusora;
	» a impressora tende a entupir e necessita acompanhamento o tempo todo.

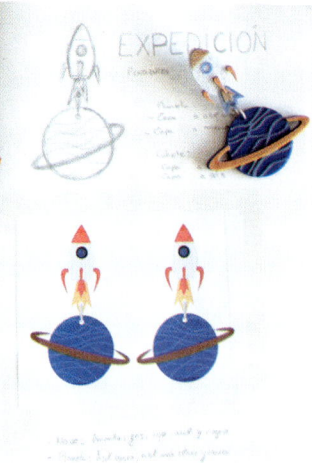

Figura 6.
Processo criativo da Chuic.
Fotografia: Chuic

Figura 7.
Do desenho ao produto final.
Fotografia: Chuic.

Figura 8.
Produto finalizado.
Fotografia: Chuic.

PROJETOS RELACIONADOS

Acessórios, de Chuic

Chuic é uma marca espanhola de acessórios impressos em 3D fundada pela designer Rosa Serrano Boluda. Ela utiliza o filamento TPE flexível em suas criações, que incluem desde brincos e colares a tecidos impressos. Seu processo criativo começa com um desenho vetorial 2D, que depois é exportado para um programa 3D e logo preparado para impressão.

Vestuário, de Danit Peleg

Danit Peleg é uma designer israelense que continua impactando o mundo da moda com suas criações totalmente impressas em 3D. Em 2015, ela lançou como projeto de graduação uma coleção impressa totalmente em 3D, utilizando somente impressoras domésticas. Esse trabalho trouxe à tona a possibilidade de em um futuro não tão distante sermos capazes de imprimir nossas próprias roupas em casa. As lojas se encarregariam de comercializar os arquivos digitais e a impressão seria de acordo com a demanda. Essa abordagem tem o potencial de revolucionar não somente a moda como também o comércio, tarifas e processos de importação e exportação de bens, com imensos impactos econômicos, ambientais e sociais. Em 2017 ela lançou uma plataforma on-line, na qual podemos desenhar nossas próprias roupas, que serão depois impressas por empresas especializadas em impressão por demanda e entregues pelo correio.

Figura 9.
Modelo vestindo uma peça da coleção Birth of Venus.
Fotografia: Danit Peleg.

11.2. CORTE A LASER

Corte a laser é uma tecnologia utilizada para cortar materiais com alta precisão. Ela é utilizada pela indústria de manufatura, mas tem sido popularizada por espaços makers e pela proliferação da cultura DIY.

Essa tecnologia funciona direcionando um laser de alta potência, utilizando espelhos na maioria dos casos. Quando o laser atinge o material, ele é aquecido até o ponto de derreter ou vaporizar completamente.

A máquina utiliza dados vindos de um arquivo digital para mover o laser em dois eixos. O sistema segue a geometria do desenho. O foco do laser é direcionado ao material e, dependendo da potência escolhida, é possível cortar, derreter ou gravar o material.

Pode-se cortar materiais orgânicos e inorgânicos, incluindo tecidos, acrílico e madeira. No caso dos tecidos sintéticos, o laser derrete a borda, evitando que o tecido se desfie e os procedimentos de pós-processamento.

Essa tecnologia também é utilizada para envelhecer e criar rasgos em roupas de dennin, que é um processo muito mais sustentável do que os tradicionais.

A máquina de corte a laser tem a vantagem de estar menos sujeita a desgaste, o que tende a gerar um custo operacional menor.

Para preparar o arquivo, é possível utilizar programas vetoriais 2D, como Adobe Illustrator, AutoCAD ou Corel Draw. Para saber mais sobre esse tipo de programa, consulte o capítulo 10.

Figura 10.
Máquina de corte a laser.
Fotografia: Sol Santin.

Figura 11.
Laser cortando um pedaço de madeira.
Fotografia: Sol Santin.

Quadro X – Principais materiais que podem ser cortados a laser

Plástico

Acrilonitrila-butadieno-estireno (ABS)	Polietileno tereftalato (PET)
	Polioximetileno (POM)
Poliimida (PI)	Sulfeto de polifenileno (PPS)
Polipropileno (PP)	Poliuretano (PUR)
Poliestireno (PS)	Acrílico/PMMA
Espuma (sem PVC)	Poliamida (PA)
Borracha	Policarbonato (PC)
Polibutileno tereftalato (PBT)	Poliéster (PES)
Polietileno (PE)	

Diversos

Madeira	Tecido
Papel	Cartão
Alimentos	Cortiça
Couro	

Metais

metais de até 0,5 mm de espessura.

TUTORIAL

BORDADO SENSÍVEL AO TOQUE

Este tutorial explica como fazer uma jaqueta a partir de peças cortadas a laser, com quatro leds na gola e bordados conduzidos nas mangas. Quando os bordados são tocados, os leds acendem. Os bordados atuam como sensores de capacitância. Também é possível confeccionar as conexões utilizando as técnicas de circuito flexível que abordamos no capítulo 11.

» *O passo a passo pode ser encontrado em: http://www.nana-kit.com/bordadotoque#/*

11.3. SOFT ROBOTICS

Soft robotics ou robótica flexível propõe a construção de robôs com materiais flexíveis e altamente adaptáveis ao ambiente. Esse tipo de tecnologia utiliza pneumáticos, fluidos ou atuadores flexíveis para controlar estruturas flexíveis, simulando a flexibilidade e sutileza encontrada nos organismos vivos.

A soft robotics pode ser utilizada em diversas áreas, incluindo aparelhos para assistência de locomoção, vestíveis, arquitetura, mobiliário e desenho de novos espaços de trabalho.

Quando comparamos a robótica tradicional (rígida) com a soft robotics (flexível), podemos identificar diversas vantagens. O sistema de robótica tradicional é aplicado utilizando a lógica "task to robot", que demanda uma estrutura com espaço fixo e é controlado por motores e engrenagens, o que torna difícil o uso em ambientes limpos e ainda requer uma jaula de segurança durante sua operação.

A soft robotics por sua vez opera na lógica "robot to task", em um sistema não estruturado, que possibilita um grau avançado de automação, controlado por válvulas de ar comprimido, permitindo a operação em ambientes químicos e explosivos. Além disso, sua estrutura leve permite um contato suave com objetos.

TUTORIAL

GOLA QUE INFLA

Este tutorial utiliza partes do kit Nana para construir uma gola que infla e desinfla, em intervalos de tempo programados. É usada uma válvula de ar comprimido controlada por Arduino, que faz a gola inflar e subir quando recebe ar. Se você não tiver esses materiais disponíveis, um sistema pneumático possibilita assoprar um tubo de plástico para inflar a gola. Também é possível confeccionar as conexões utilizando as técnicas de circuito flexível que abordamos no capitulo 11.

» O passo a passo pode ser encontrado em:
http://www.nana-kit.com/golainfla#/

11.4. BEAUTY TECHNOLOGY

Quando pensamos na indústria da beleza, associamos as inovações aos agentes dos produtos na pele. No entanto, Katia Vega, pesquisadora peruana, batizou uma nova área da tecnologia vestível, a beauty technology.

Essa tecnologia utiliza maquiagem, tatuagem e outras técnicas de beleza para adicionar interatividade ao corpo, criando possibilidades de comunicação mais sutis e íntimas.

Imagine mover objetos com um piscar de olhos, utilizar suas unhas para abrir portas ou realizar transações financeiras; ou ainda imagine se sua tatuagem pudesse mudar de cor, indicando alguma função do corpo ou deficiência em algum componente. Todas essas possibilidades e muitas outras se tornaram realidade pelas mãos da pesquisadora.

Um dos últimos projetos da doutora Vega, chamado hairware, utiliza extensões de cabelo metalizadas como interface de toque. Hairware explora ações conscientes e inconscientes de nossa relação com o cabelo. Mexer no cabelo denota muitos significados no universo feminino. Hairware se utiliza dessas interações para ativar ações, como gravar uma conversa, enviar a localização para alguém ou até mesmo tirar uma selfie. Esse tipo de interação abre muitas possibilidades de experiência de usuário.

Tinta condutiva é um dos materiais abordados no capítulo 3. Esse material permite que você desenhe um circuito em papel, tecido ou até mesmo na pele. A maquiagem condutiva é também tema de pesquisa da doutora Vega. Ela desenvolveu, entre outros produtos, cílios postiços metalizados, criados a partir de camadas de cobre e níquel, que agem como interruptores (para saber mais sobre interruptores, consulte o capítulo 4), e podem controlar diversos atuadores, desde leds até navegar um drone.

> Cuidado ao aplicar tinta na pele. Primeiro certifique-se de que o material é apropriado para a aplicação e realize um teste de toque 24 horas antes, para evitar reações alérgicas.

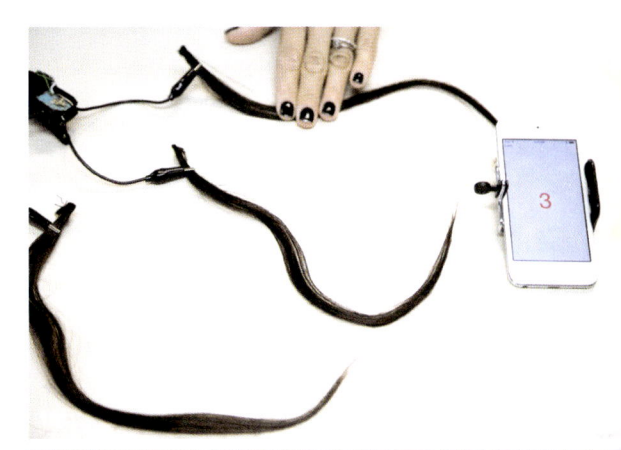

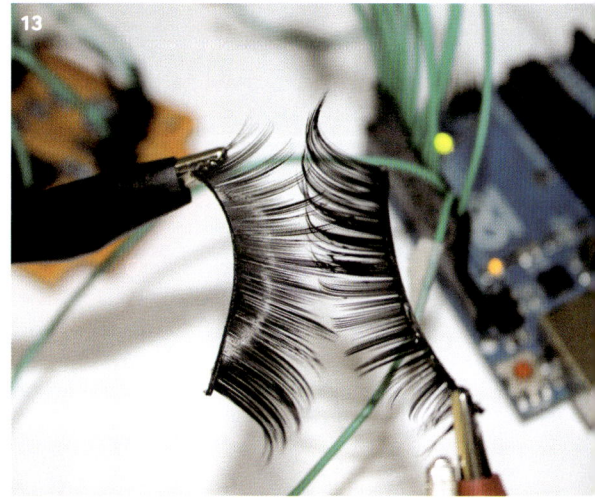

Figura 12.
Hairware, de Katia Vega, utiliza mechas de cabelo como input de dados.
Fotografia: Kátia Vega.

Figura 13.
Cílios metalizados que, quando em contato, acionam eventos.
Fotografia: Katia Vega.

Já o projeto The Dermal Abyss parte da inquietação sobre como mesclar tatuagens com a tecnologia, para fazer a pele ficar ainda mais interativa. Esse projeto, que soa como ficção, foi desenvolvido por um time composto por Kátia Vega, Xin Liu, Viirj Kan, Nick Barry e os pesquisadores da Harvard Medical School Ali Yetisen e Nan Jiang. Ele é uma prova de conceito que apresenta uma abordagem inédita, as chamadas interfaces biológicas, que transformam a pele em um display interativo. Nele, as tintas convencionais são substituídas por biossensores, cujas cores mudam de acordo com a variação de fluidos corporais específicos. Ele une avanços em biotecnologia com a arte da tatuagem.

Um outro exemplo de beauty techonology são os adesivos inteligentes, colados ao corpo para monitorar dados biométricos, voltados principalmente para os praticantes de atividades físicas.

A MC10 é uma empresa norte-americana que desenvolve esse tipo de adesivo. Seu sistema permite colocar diversos adesivos em diferentes partes do corpo, para obter dados específicos. Esses dados são armazenados na nuvem e interpretados por algoritmos especializados. Esses sensores podem ser utilizados por até 24 horas seguidas e são bem discretos.

11.5.
CIRCUITOS FLEXÍVEIS

Quando pensamos em uma placa eletrônica, muitas vezes a imagem associada é a de uma placa retangular, rígida e com diversos componentes soldados. Esse é o tipo de hardware que normalmente encontramos em aparelhos eletrônicos. No entanto, esse tipo de material rígido não é adequado para aplicações em tecnologia vestível. Ao redor do corpo, necessitamos materiais flexíveis e que se conformem aos movimentos que fizermos.

Para resolver essa questão, existem diversos materiais flexíveis que podem ser utilizados para manufaturar um circuito eletrônico. A seguir, veremos algumas técnicas.

CIRCUITOS
BORDADOS

O bordado é uma técnica que permite a decoração de tecidos utilizando linha e agulha. Ele tem uma conexão muito próxima com tradições e identidades em diversas culturas, sendo utilizado inclusive para comunicar códigos, papéis sociais e movimentos migratórios. Segundo a mitologia grega, a deusa Athena foi a responsável por ensinar o bordado e o tricô.

Trabalhos bordados chineses remontam a épocas de guerra (século V a III a.C.). De acordo com o período, o lugar e os materiais utilizados, a técnica do bordado foi considerada ora como elitista, especializada e exclusiva ora como popular, sendo difundida entre pessoas comuns.

O surgimento do bordado à máquina ocorreu durante a Revolução Industrial, possibilitando a produção em massa. A primeira máquina de bordado à mão foi criada na França em 1832, por Josué Heilmann. As máquinas eram uma espécie de combinação entre máquinas de tear e um time de bordadeiras, que realizavam parte do trabalho à mão.

Existem diversas técnicas de pontos com efeitos diferentes que são valorizados na indústria da moda. O bordado também é utilizado para incorporar peças, como pérolas, pedras e lantejoulas ao tecido. Por conta dessas características, o bordado nos serve para a tecnologia vestível, bastando substituirmos a linha comum por linha condutiva e objetos como pérolas e lantejoulas por componentes eletrônicos.

TUTORIAL

TATUAGEM ELETRÔNICA

Este tutorial propõe uma tatuagem temporária feita com tinta condutiva, que acende um led. A tatuagem seria como um meio que conduz a corrente entre a bateria e o led.

INSTRUMENTOS E MATERIAIS

» 1 suporte de bateria (para fazer o suporte de bateria, veja o tutorial "colar com led")
» Led com conectores
» Tinta condutiva
» Bisnaga ou canetão

PASSO A PASSO

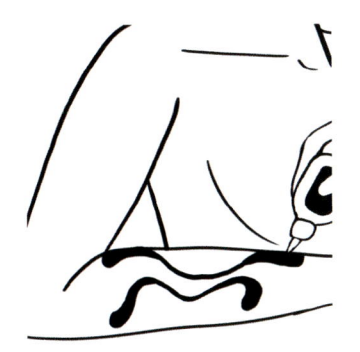

» Desenho com tinta: sobre a pele limpa, passe a tinta condutiva, usando bisnaga ou canetão.

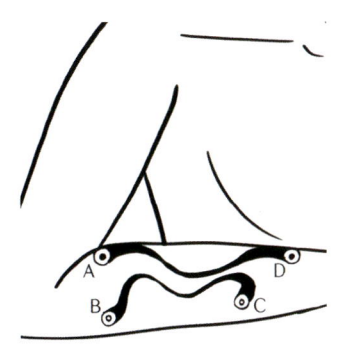

» Aplicação dos botões: cole dois botões macho e dois botões fêmea nas extremidades do desenho, conforme indicado na ilustração. Atente-se para que o botão fique em contato com a tinta condutiva, para não interromper o circuito. Espere secar.

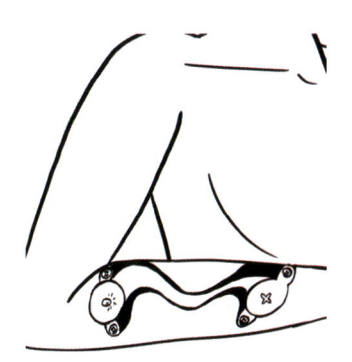

» Aplicacão do led e suporte de bateria: conecte os botões do led e o suporte de bateria nos botões aplicados à pele, cada um em uma das extremidades, respeitando a polaridade dos componentes.

Os componentes eletrônicos são adaptados para poderem ser incorporados no bordado. Existem leds, sensores e atuadores com furos para serem costurados (capítulo 3) e até mesmo componentes feitos para serem utilizados em máquinas de bordar digitais.

Essa substituição de materiais é bastante conveniente, uma vez que possibilita a confecção de circuitos eletrônicos diretamente no tecido, utilizando uma técnica e linguagem já bastante conhecida pela moda.

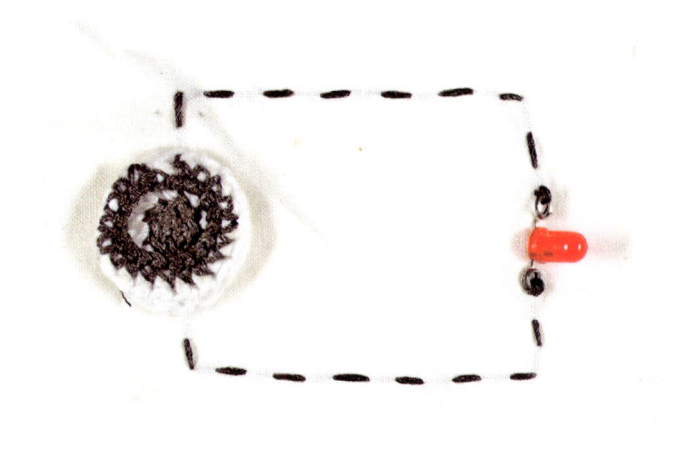

Figura 14.
Circuito com led e battery holder feito de crochê. Veja o passo a passo em: https://www.instructables.com/id/Crochet-Battery-Holder/.

Figura 15.
Leds bordados em cadeia.
Fotografia:
Ricardo O'Nascimento.

Figura 16.
Verso do bordado. É muito importante não ter fios soltos, para evitar curto-circuito. O amarelado é consequência da oxidação do fio condutivo.
Fotografia:
Ricardo O'Nascimento.

Bordado manual

O bordado manual é uma boa porta de entrada para essa técnica, por ser muito barata e de fácil implementação. Na figura 17, vemos um display de 800 leds bordados à mão diretamente no tecido.

Alguns componentes eletrônicos são desenhados para serem costurados junto ao circuito bordado. Alguns exemplos são os leds e sensores costuráveis da Adafruit. No entanto, muitos dos componentes têm de ser adaptados, e essa conexão soft e hard é o ponto frágil em um circuito bordado. Para aprender técnicas de conexão, confira a seção de referências, na parte IV do livro.

Figura 17.
Detalhe de bordado manual com linha condutiva.
Fotografia: Ricardo O'Nascimento.

Dicas

» Use tecido específico para bordado. Se não encontrar, tecidos grossos e não elásticos funcionam melhor.

» Tome cuidado para os pontos ficarem bem firmes e pequenos. Quanto menor o ponto, mais estável será o circuito.

» Borde o mais limpo possível. Como a linha é condutiva, há risco de curto-circuito.

» Não se esqueça da parte do avesso. Ao contrário dos bordados convencionais, no bordado técnico o avesso deve ser tão preciso quanto o lado frontal.

» Se for utilizar eletrônicos feitos para serem costurados (leds e sensores), teste o tamanho do olho da agulha antes de começar o bordado. Ela deve passar facilmente pelos eletrônicos.

» Usar uma moldura para bordado pode facilitar.

» Antes de ligar a eletricidade, teste com o multímetro possíveis curtos-circuitos.

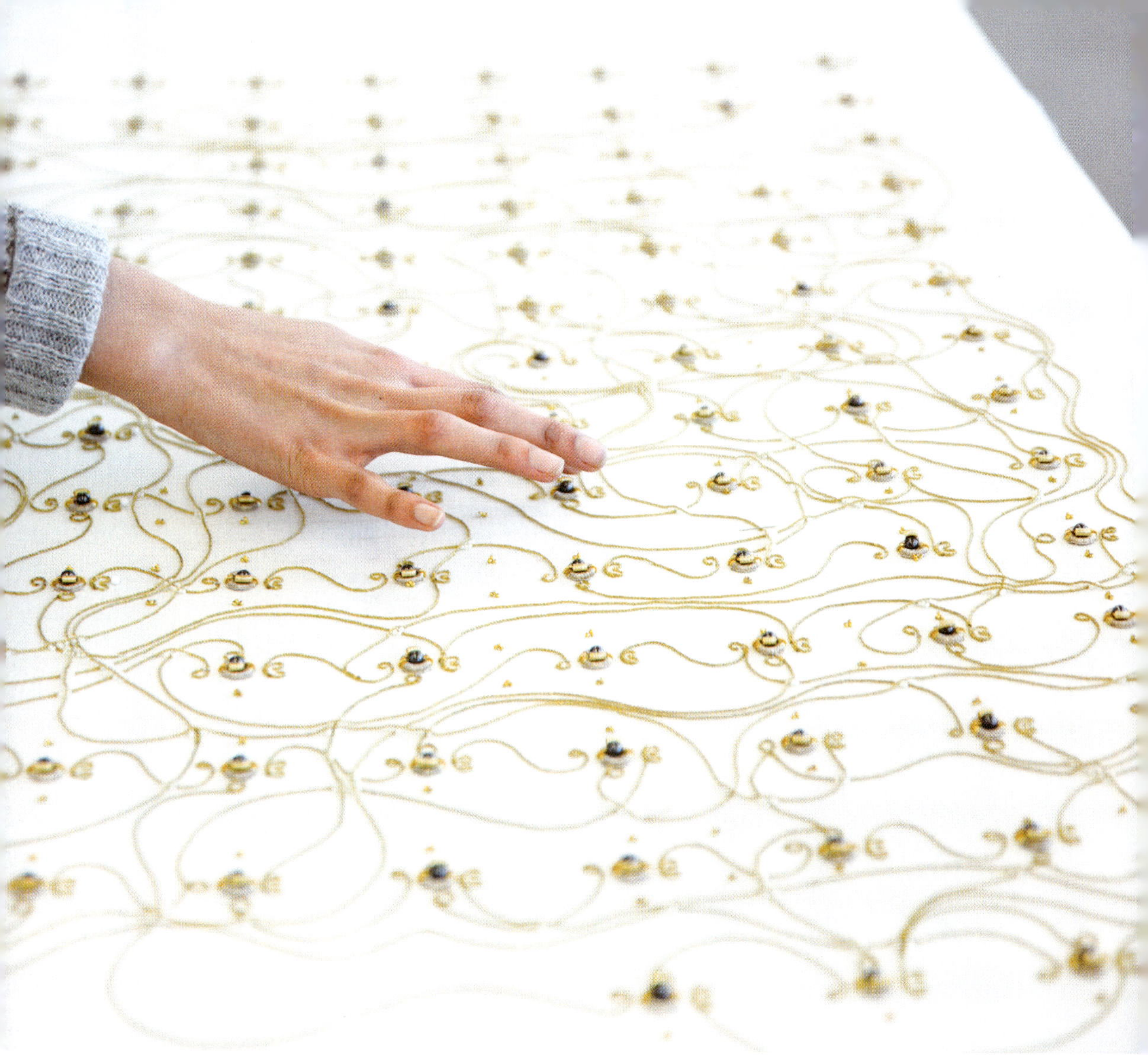

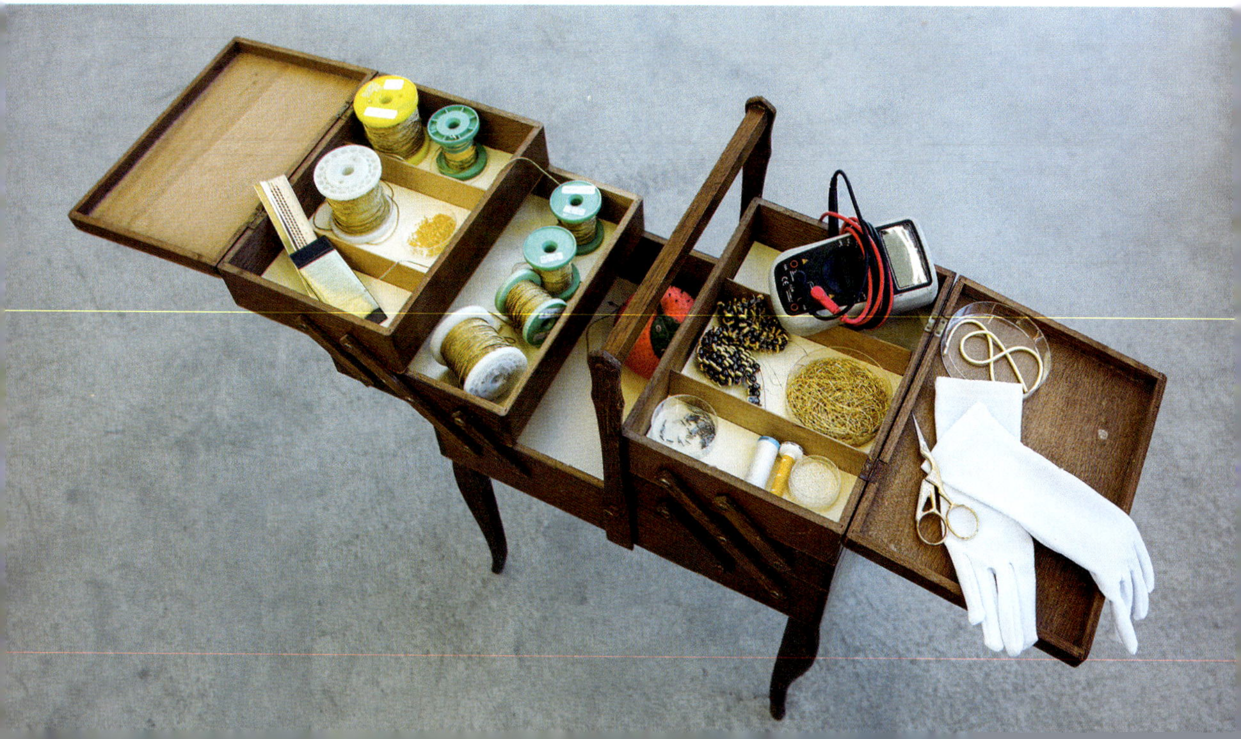

Projeto relacionado

The Embroidered Computer (2018), de Ebru Kurbak e Irene Posch

The Embroidered Computer – ou "o computador bordado", em tradução livre – é um computador eletromecânico de 8 bits, comparável com os computadores construídos na década de 1950. A diferença é o processo de manufatura utilizado na sua realização: ele foi feito à mão utilizando técnicas de bordado com fios de ouro, e não utiliza nenhum componente eletrônico regular. Essa peça demonstra que é possível montar um computador do zero a partir de técnicas tradicionais e materiais alternativos.

A menor unidade de processamento do computador é um interruptor (relé) bordado em formato de bobina, uma miçanga magnética e fios de ouro e prata. Quando uma corrente elétrica passa pela bobina, ela gera um campo magnético que afeta a miçanga magnética que está no centro da bobina. A partir da direção da corrente que passa nessa bobina, as abas se movem para cima ou para baixo, abrindo e fechando os contatos para a eletricidade. Cada interruptor recebe e envia dados dessa maneira, sendo possível assim realizar lógicas complexas.

O projeto foi feito como parte da pesquisa Stiching worlds (https://www.stitchingworlds.net/).

Figura 18.
Usuário interagindo com o computador bordado.
Fotografia: Irene Posh.

Figura 19.
Móvel com os materiais utilizados na confecção do computador bordado.
Fotografia: Irene Posh.

Bordado digital

As máquinas de bordar digital possuem um grau de precisão muito maior do que o bordado feito à mão e podem ser utilizadas para replicar circuitos de maneira mais confiável. Nem todas as linhas podem ser utilizadas na máquina de bordar, por isso é importante contatar o fabricante antes de comprar. No capítulo 3, você encontra mais informações sobre linhas condutivas.

O bordado digital pode ser também utilizado para confeccionar sensores (pressão, deformação, capacitância); atuadores, como tecidos que esquentam, e até mesmo antenas.

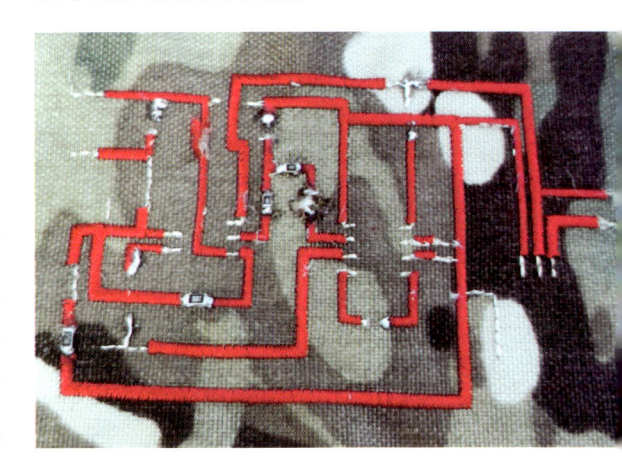

Figura 20.
Circuito bordado no qual os fios não condutivos foram utilizados para isolar o traçado do circuito. Os componentes eletrônicos foram soldados à mão, queimando o tecido – por isso, é muito importante não usar solda muito quente quando for trabalhar com tecido. Imagem do trabalho do Dr. Rob Sager, na Universidade de Engenharia Eletrônica de Loughborough, na Inglaterra.
Fotografia: Ricardo O'Nascimento.

Projetos relacionados

As imagens a seguir foram feitas durante a confecção de uma antena bordada digitalmente, e o fio foi conectado ao tecido utilizando o próprio bordado. Essa é uma técnica que garante uma conexão resistente e estável de fios ao tecido. Esse processo contou com a mentoria de Bee King, especialista em bordado digital do departmento de tecidos da Universidade Loughborough, na Inglaterra.

Figura 21.
Desenho feito no programa Wilcom Embroidery Studio. Fotografia: Ricardo O'Nascimento.

Figura 22.
Detalhe da região onde será feita a conexão com o fio. Fotografia: Ricardo O'Nascimento.

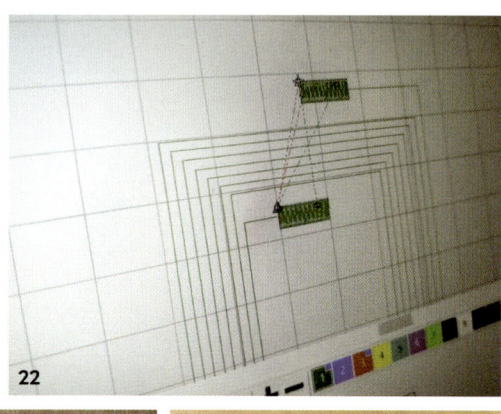

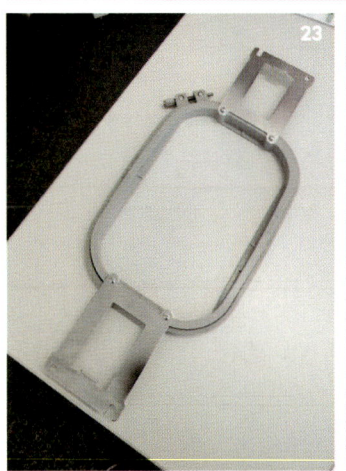

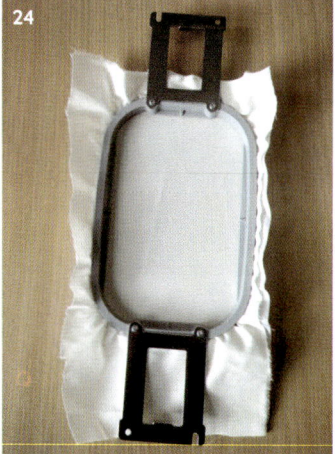

Figuras 23 e 24.
Preparação da base para o bordado.
Fotografia: Ricardo O'Nascimento.

Figura 25.
Base pronta para ser encaixada na máquina de bordar.
Fotografia: Ricardo O'Nascimento.

Figura 26.
Máquina de bordado preparada para iniciar o trabalho.
Fotografia: Ricardo O'Nascimento.

Figura 27.
Interface da máquina de bordar.
Fotografia: Ricardo O'Nascimento.

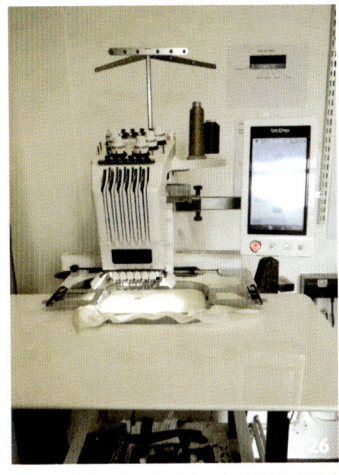

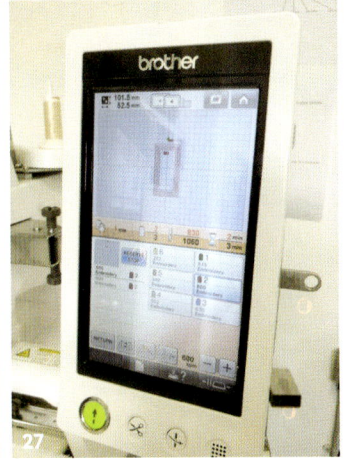

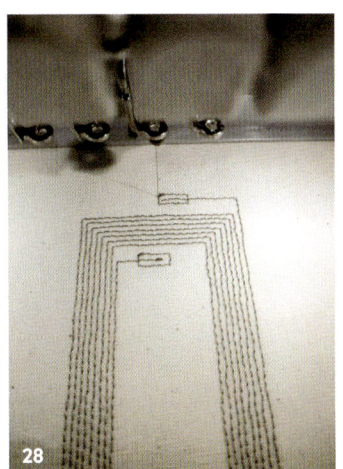

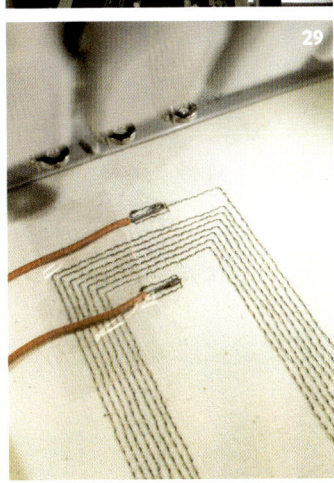

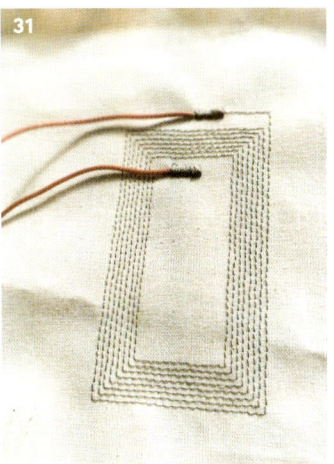

Figura 28.
Bordado com linha condutiva.
Fotografia: Ricardo O'Nascimento.

Figura 29.
Fio fixado com fita adesiva e posicionado segundo o desenho.
Fotografia: Ricardo O'Nascimento.

Figura 30.
O bordado fixa o fio no tecido, criando uma conexão estável e robusta.
Fotografia: Ricardo O'Nascimento.

Figura 31.
Antena bordada com fios conectados ao tecido.
Fotografia: Ricardo O'Nascimento.

Embodied RF Ecologies (2019), de Afroditi Psarra

Afroditi Psarra é uma artista e pesquisadora grega que tem um trabalho muito interessante no campo de tecidos eletrônicos. Seus diversos trabalhos vão desde sintetizadores bordados até peças de roupas que detectam radiação espacial. No contexto dos bordados e do corte a laser, um dos seus últimos trabalhos é o Embodied RF Ecologies. Esse projeto é um vestível que atua como um mixer IC e um amplificador de áudio. A frequência de sintonia é de aproximadamente 137 MHz e tem como objetivo captar as transmissões do satélite de tempo NOAA. O circuito ainda detecta outras frequências além daquela do satélite. O fato de o circuito ser bordado não contribui para a precisão do PCB, porém, por ser um projeto artístico, a autora optou por incorporar esses ruídos como parte de seu discurso poético. As antenas desse vestível foram feitas a partir de corte a laser e com um tecido condutivo.

Figura 32.
Embodied RF Ecologies,
de Afroditi Psarra.
Fotografia:
Afroditi Psarra.

Figura 33.
Detalhe do bordado
do vestido.
Fotografia: Ana Català.

Figura 34.
Marlene Dress,
de ElektroCouture.
Fotografia: Ana Català.

Marlene Dress (2017),
de ElektroCouture

A empresa alemã de inovação em tecnologia vestível ElektroCouture, em parceria com a Forster Rohner, usou a tecnologia de bordado digital para criar a visão de um vestido que a atriz Marlene Dietrich imaginou em 1958, que acendia no palco como uma luz. Infelizmente o vestido não pôde ser feito na época, mas, hoje, pode ser viabilizado pela combinação de novas tecnologias e grande habilidade manual. O vestido é composto por 151 leds, 313 flores e 2.371 cristais, desenvolvidos especificamente pela Swarovski.

CIRCUITOS IMPRESSOS

Uma outra técnica para se criar circuitos flexíveis é a impressão, que pode ser digital ou por tela. A impressão digital funciona como nos impressos domésticos, porém utiliza tintas condutivas que criam os caminhos dentro do circuito. Uma outra técnica é a impressão por tela de silk screen. Os circuitos podem ser impressos em substratos flexíveis, e até mesmo em tecidos. Os componentes são então soldados ao substrato para entrar em contato com a parte condutiva do circuito. Essa técnica também é utilizada para imprimir sensores e até mesmo células solares.

Uma outra alternativa são os circuitos que se aderem ao tecido por meio de calor. Nessa técnica, a parte condutiva é colocada sobre o tecido e se aglutina a ele, quando aplicado calor. Essa tecnologia patenteada pela empresa inglesa Conductive Transfers é uma opção de produção em escala menor, e pode ser praticada em diversos tipos de de tecidos.

Closed Loop (2017), de By-wire

A empresa By-wire, liderada pela pesquisadora Marina Toeters, desenvolveu uma roupa para atividades físicas entre esporte e lazer, o que ela chama "athleisure". Essa camiseta monitora continuamente os sinais vitais da mulher, baseando-se em sensores impressos em substratos flexíveis, que são então integrados ao tecido. Segundo a criadora, essa tecnologia foi escolhida por possibilitar a separação do sensor do tecido para possível reciclagem no futuro. Os circuitos impressos são confortáveis, robustos e suportam até 25 ciclos de lavagem.

CIRCUITOS DE TRICÔ

O tricô é uma técnica de construção de tecido em que o fio é arranjado em loops que se encaixam em estruturas diversas. Essa técnica é bastante efetiva na criação de sensores. Quando aplicada uma tensão sobre o material, a estrutura se rearranja, mudando assim a resistência do material, que pode ser detectada pelo microcontrolador. Esse é um bom exemplo para demonstrar que a inteligência do tecido não está somente no material do qual é feito – material condutivo –, mas também na estrutura com a qual é confeccionado.

Hoodie-scape (2014), de Mika Satomi e Clemens Pichler

A performance utiliza um circuito de tricô para alterar os sons de acordo com a tensão aplicada ao sensor. Nela, dois performers travam uma batalha corporal em que buscam a estabilidade puxando um ao outro e, assim, acionam os efeitos.

Figura 35.
Circuito condutivo aplicado com
a técnica de transfer da empresa
Conductive Transfer.
Fotografia: Ricardo O'Nascimento.

Figura 36.
Sensores impressos nas costas
da camiseta.
Fotografia: By-wire.

Figura 37.
Performance com o vestível
Hoodie Scape.
Fotografia: Mika Satomi e Clemens Pichler.

Figura 38.
Modelo vestindo a blusa-rádio.
Fotografia: Mahir Yavuz.

The Knitted Radio (2014), de Ebru Kurbak e Irene Posch

O projeto foi desenvolvido em uma residência no Eyebeam, centro de arte e tecnologia em Nova York, e é parte de uma investigação das artistas sobre o uso de técnicas manuais para a criação de componentes e aparelhos eletrônicos. A peça é uma blusa de tricô que também é um transmissor de rádio, e tem como objetivo estimular uma comunicação livre, pela posssibilidade de se ocupar o espaço eletrônico com uma peça de roupa. Esse experimento é uma referência aos protestos que tomaram a praça Taksim, em Istambul, em 2014.

Figura 39.
Família interagindo com o Textales.
Fotografia: Kristi Kuusk.

11.6. REALIDADE AUMENTADA

Realidade Aumentada (AR – Augmented Reality) é uma experiência interativa na qual um objeto é expandido a partir de um processo computacional de informação. Esse aumento pode ser relacionado a diversos sentidos, como olfato, tato sonoro ou visual, sendo esse último o mais utilizado. Por meio de algum tipo de monitor, uma camada extra de informação é apresentada por cima do objeto real.

Na indústria da moda, esse tipo de tecnologia tem impactado as experiências de compras em que o usuário, ao apontar a câmera do celular ou tablet, tem acesso a informações adicionais do produto. Essas informações têm o potencial de influenciar a decisão de compra.

Grandes conglomerados de moda estão investindo em start-ups que lidam com esse tipo de tecnologia com o objetivo de aumentar as vendas e conquistar os consumidores ávidos por inovações e experiências multissensoriais na hora de efetuar uma compra.

PROJETO RELACIONADO

Textales (2015), de Kristi Kuusk

Esse projeto utiliza realidade aumentada para criar uma experiência interativa para crianças e seus pais desfrutarem na hora de dormir. Kuuski desenvolveu esse projeto como parte de seu doutorado na Universidade Técnica de Eindhoven, na Holanda. Atualmente, ele está sendo comercializado, e novas histórias estão sendo desenvolvidas. Esse é um dos exemplos de pesquisa acadêmica que culminaram em um produto para o mercado.

Uma das características principais é o fato de a parte de tecido – lençóis e fronhas – não ter nenhum componente eletrônico, facilitando a sua produção. Toda a tecnologia está no programa de realidade aumentada instalado no tablet. As ilustrações no tecido atuam como códigos QR, acionando as animações dos personagens, que são vistas digitalmente por cima do desenho no tecido. Um dos desafios nesse projeto foi desenvolver a tecnologia de maneira estável, de forma que a animação seja acionada continuamente, sem interrupções.

Neste livro foram apresentados materiais, tecnologias e ferramentas para desenvolver um projeto utilizando tecnologia vestível. No entanto, apenas conhecer ferramentas e materiais não é suficiente para criar um projeto de sucesso.

No decorrer das diversas oficinas que eu tive o prazer de facilitar, observei que algumas ideias são recorrentes entre os participantes. Essa aparente repetição não é de maneira alguma um impedimento para a realização da ideia. Quando desenvolvemos um projeto, o mais importante não é o que fazemos, mas como fazemos. Mesmo quando nos deparamos com uma ideia que já foi executada anteriormente, a nossa execução vai ser diferente. Isso acontece porque cada olhar é único, cada abordagem depende da bagagem e experiência de cada designer. No entanto, é importante dar crédito àqueles que vieram antes e talvez até mesmo entrar em contato com o artista ou designer para conversar sobre como você pode contribuir para o aperfeiçoamento da mesma. A pergunta fundamental é: Como desenvolver um projeto que seja relevante e que faça sentido?

Neste capítulo, vamos navegar por passos que eu utilizo quando desenvolvo um projeto e que me ajudam a manter o foco e o senso crítico durante todo o processo.

12.1. DEFINIÇÃO DO PROBLEMA

Para começar, é importante delimitar qual é o problema que estamos tentando resolver. Aqui entendo problema de forma ampla. Ele pode ser somente algo para o lazer e entretenimento, como também pode

FASHIONTECH CANVAS MODEL: COMO PLANEJAR UM PROJETO VESTÍVEL?

ser algo que vai resolver uma questão específica. Para ficar mais claro, vamos a alguns exemplos.

Se estamos pensando em fazer um vestível para uma performance, o problema talvez seja como entreter o público em um teatro por 20 minutos, ou como criar uma peça que vai conectar as pessoas em diferentes níveis dentro de um espaço expositivo.

Se estamos pensando em desenvolver um vestível para a área médica, o problema talvez seja como detectar dados biométricos sem ser intrusivo ou como tornar o tempo de internação mais agradável para os pacientes, ou ainda como fazer com que a família fique mais presente no processo de recuperação de um paciente.

É muito importante dedicar um tempo razoável na definição do problema, pois isso é mais da metade do caminho para achar uma solução adequada.

12.2.
FOCO NO USUÁRIO

É preciso delimitar quem será o usuário do seu vestível, respondendo algumas perguntas primordiais: Quem é o seu público-alvo? Para quem o vestível está sendo desenvolvido? Quem vai usar? Ter claro quem é grupo de usuário pode facilitar e muito quando formos decidir que tipo de tecnologia adotaremos e qual será a estética do projeto. Para identificar o usuário é importante se perguntar se o vestível vai resolver algum problema específico. A peça vai resolver algum problema de saúde? Ou é para um performance artística? O projeto é voltado para crianças ou adultos?

Uma vez que tenhamos delimitado o público-alvo, uma boa ideia é conversar com essas pessoas para entender melhor como elas vivem. Compreender o contexto no qual o seu usuário se encontra é muito importante para apresentar alternativas com as quais ele se identifique. Uma metodologia bastante efetiva é a observação. Se o seu objetivo é desenvolver um vestível para crianças brincarem no parquinho, é importante passar um tempo nesse local observando o comportamento das crianças. Antes de ir à pesquisa de campo, prepare algumas perguntas e revisite-as durante o processo: Quais são os brinquedos mais populares? Quanto tempo elas passam em cada atividade? Elas brincam em grupo ou sozinhas? Elas levam algum brinquedo ou utilizam o que está disponível no parque? Tente observar discretamente, anotando as suas impressões em um papel. Se você for filmar, tome cuidado com autorizações e sempre respeite a privacidade de seu sujeito de estudo.

Procure traçar o perfil desse usuário e deixe sempre à vista essas informações para poder retomá-las durante todo o processo.

Tópicos para pensar enquanto tentamos definir o usuário:

» Faixa etária;

» Gênero;

» Lugares que frequenta;

» Atividades preferidas.

12.3.
DEIXE A MENTE CORRER SOLTA

Depois de delimitado o problema e de conhecer um pouco melhor o seu público-alvo, é o momento do brainstorm ou chuva de ideias. Nessa etapa, colocamos no papel diversas ideias, para uma futura seleção das melhores e a escolha final daquela que será produzida. Durante uma sessão de brainstorm, o ideal é deixar a mente correr solta, sem pensar em limitações técnicas e sem julgamentos. Existem diversas técnicas de brainstorm e inclusive uma literatura extensa dedicada somente a esse tema. Aqui vou abordar algumas metodologias que utilizo em meu processo criativo. Tenha em mente que essa é uma perspectiva pessoal com base em alguns anos de experiência profissional, e não representa todas as possibilidades. Cabe a cada um descobrir o que funciona melhor para si.

Eu normalmente utilizo um papel grande (A3) e começo a anotar as ideias que vão surgindo. Algumas pessoas preferem trabalhar sozinhas, porém, nesse momento, ter alguém por perto para contribuir com ideias novas é bastante enriquecedor.

O ideal é ter de três a cinco pessoas, ficando uma delas responsável por anotar todas as ideias. Nessa fase vale tudo. No entanto, se você estiver experimentando um bloqueio mental e estiver sem ideias, eu recomendo antever alguns cenários para facilitar o processo.

» Pense no futuro. Como seria daqui a 5, 10 ou 15 anos? E como seria daqui a 100 anos?
» Considere um contexto inusitado. Por exemplo: se você está desenvolvendo algo para crianças, imagine como seria se esse vestível fosse utilizado no espaço ou debaixo d'água.
» Faça uma rodada somente de ideias estúpidas ou absurdas. Isso ajuda a quebrar o gelo.
» Escreva diversas palavras-chave e depois agrupe-as por alguma relação entre elas. Pense nelas como palavras que as pessoas podem associar ao seu projeto.
» Crie um mood board com imagens que o inspirem. Algumas pessoas utilizam a plataforma Pinterest. Um outra opção é imprimir as imagens e fazer uma colagem com elas, como uma espécie de mural. Esse é quase sempre o meu primeiro passo.
» Mudar de cenário pode ajudar a destravar o cérebro. Experimente ir para um parque ou uma praça, por exemplo.

O ideal é produzir o maior número de ideias possíveis. Algumas serão absurdas, outras parecerão pouco originais, mas todas devem ser anotadas e compartilhadas com o seu grupo de brainstorm.

Após ter pelo menos 15 ideias, comece a seleção das melhores, até ficar com três conceitos que, segundo os seus critérios, melhor respondem ao problema proposto. Dessas três ideias, selecione a ganhadora e comece o processo de prototipagem. Guarde as outras ideias para o futuro.

12.4.
PAREDE DE DESEJOS DE KOBAKANT

O grupo Kobakant desenvolveu um método bem interessante para direcionar a fruição de ideias. Eles criaram uma parede chamada "wishing wall" ou "parede de desejos". Essa parede é preenchida com um fluxograma no qual você vai respondendo perguntas. Esse método é especialmente interessante se você não tem um propósito claro para o seu vestível. Afinal, fazer algo somente pelo prazer de fazer é também válido, principalmente durante o processo de aprendizagem.

Figura 1.
Parede de ideação desenvolvida pelo Kobakant.
Fotografia: Ricardo O'Nascimento.

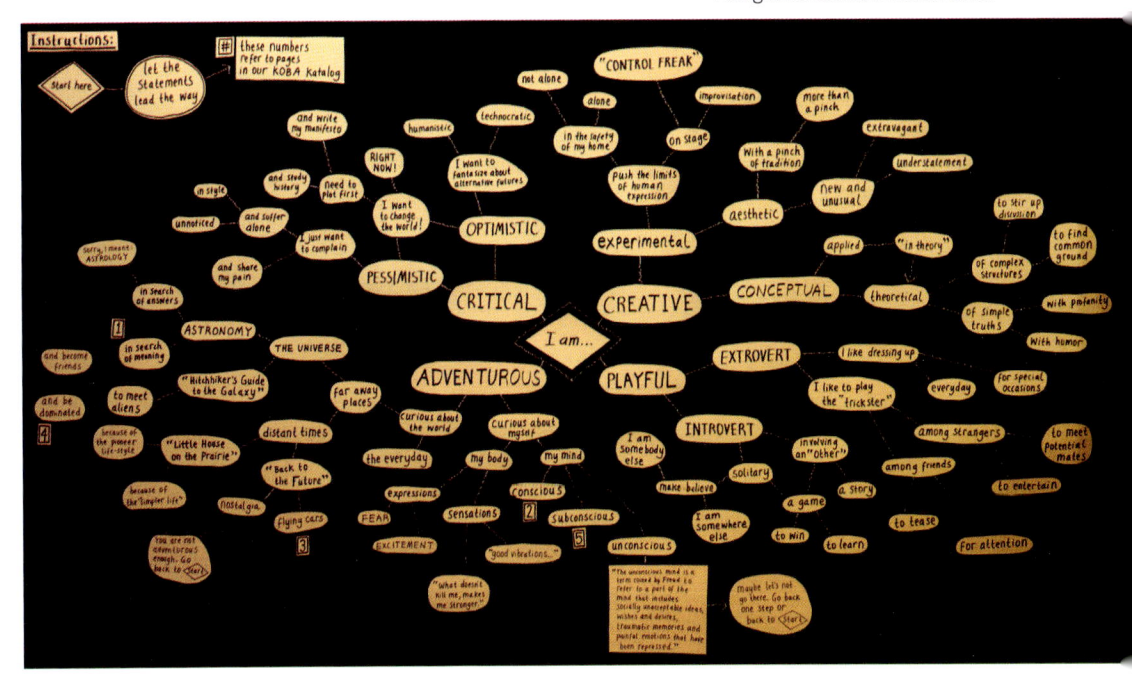

12.5. PROTOTIPAGEM

Depois de termos uma ideia de como o vestível vai funcionar, é importante fazer testes, criando um protótipo de fidelidade baixa. Nessa fase, o importante é que o sistema interativo funcione. Não se preocupe com acabamento ou estética. Esse primeiro protótipo vai servir para testar o conceito do funcionamento do vestível.

E que fique claro que uma coisa é o sistema funcionar em cima de uma mesa. Outra bem diferente é o sistema aplicado ao corpo em movimento. Por isso, é fundamental testar protótipos em pessoas de verdade. De preferência com pessoas que tenham o perfil do seu grupo-alvo. No entanto, pode ser interessante incluir outros perfis.

Observe esses testes de uso e anote o que foi satisfatório, quais foram os problemas encontrados e as sugestões das pessoas. A partir dessas informações, revisite seu protótipo e faça diversas iterações até atingir a qualidade desejada.

12.6. OUTRAS CONSIDERAÇÕES

A seguir, relaciono alguns aspectos que podem servir de guia para o desenvolvimento de uma peça vestível:

Aspectos	Considerações
Corpo em movimento	Posicionamento dos eletrônicos, comprimento das conexões, caimento do tecido, corte da peça, conforto térmico.
Percepção	Estética, tipo de material, toque na pele, aspectos culturais, aspectos psicológicos.
Funcionalidade	Interação com o sistema (sensores e atuadores).
Materiais	Materiais inteligentes, passível de lavagem, durabilidade.
Energia	Tipos de bateria: solar, energia cinética, etc.
Sustentabilidade	Reciclagem, material biodegradável, construção modular.

Materiais e referências

PARTE IV

GLOSSÁRIO

ANÁLOGO » Em um sistema computacional, esse termo se refere à mudança de um estado com valores contínuos. Em termos de tecnologia, essa nomenclatura é utilizada para designar tecnologias antigas e não digitais.

ARDUINO » Um sistema open source, composto por uma placa microcontrolada e um ambiente de programação. Ele é utilizado para computação física e desenvolvimento de protótipos.

ATUADOR » É a saída de um circuito. Pode ser um led, um alto-falante ou um motor, entre outros.

BATERIA » Também pode ser chamada de "Battery pack", quando a bateria é vista como um subsistema intercambiável dentro do sistema. Normalmente, o conjunto bateria é mais do que um conjunto de baterias, pois pode incluir reguladores (tensão/corrente), sensores (hidrogênio, temperatura...), carregadores e eventualmente até softwares de gestão.

BATERIA LIION » Uma bateria LiIon tem a mesma química que a bateria Lipo-Polímero Lítio íon.

BATERIA LIPO » As baterias Lipo são recarregáveis. Utilizadas em telefones celulares e notebooks.

BATERIA MOEDA » Fonte de alimentação normalmente de 3 V. Pode ser recarregável ou não.

BIG DATA » Uso de um grande número de dados coletados de diversas fontes, tendo em vista traçar padrões comportamentais.

CABO JUMPER » Cabo sólido utilizado para prototipar em uma protoboard.

CAD (COMPUTER AID DESIGN) » São programas de computador para desenhar digitalmente. Esse tipo de programa pode gerar gráficos vetoriais ou rasterizados. Ele pode ser utilizado para desenhar figuras bidimencionais (2D) ou tridimensionais (3D).

CAMINHO CONDUTOR » Caminho dentro do circuito eletrônico onde a corrente se move.

CAPACITÂNCIA » A força potencial (tensão elétrica) armazenada por um objeto ou componente.

CARGA » Parte do circuito eletrônico que consome a eletricidade. Ex.: led ou sensor.

CIRCUITO ELETRÔNICO » Combinação composta por uma fonte de alimentação, componentes eletrônicos e uma saída, onde há um fluxo de corrente.

COMPUTAÇÃO EM NUVEM » O conceito de computação em nuvem se baseia em serviços de armazenamento, memória e processamento hospedados em um data center e interligados por meio da internet. Esse tipo de computação elimina a necessidade de hardware do lado do usuário.

CONDUTIVO » Material onde há fluência de eletricidade.

CORRENTE » Nível de fruição de elétrons em um circuito. É medido em ampères (A).

CULTURA MAKER » Cultura maker abrange uma série de comportamentos, técnicas e comunidades voltadas ao DIY (Do It Yourself) ou faça você mesmo. Essa comunidade, popular nos espaços makers e Fab Labs, é marcada pelo desejo de compartilhar informação e ajudar o outro.

CURTO-CIRCUITO » Quando a corrente encontra um caminho mais curto dentro do circuito elétrico, passando alheia a resistores e diodos, sem uma saída determinada. Pode causar fogo e queimar componentes.

DADOS BIOMÉTRICOS » Dados biométricos são os dados captados de características fisiológicas e comportamentais das pessoas. Por exemplo: impressão digital, reconhecimento facial, altura, batimento cardíaco, ECG e cheiro. Dados comportamentais são: postura, gestos corporais e maneira de andar, entre outros.

DIGITAL » Sistema que possui apenas duas opções: on / off ou 0 ou 1. Sistemas digitais complexos utilizam várias séries desses estados.

DO IT YOURSELF (DIY) » Do it yourself ou faça você mesmo é um método de construir, reparar ou modificar algo sem ajuda profissional.

ELETRENCEFALOGRAMA (EEG) » Eletrencefalograma é um teste utilizado para avaliar a atividade elétrica no cérebro. As células do cérebro se comunicam umas com as outras por meio de impulsos elétricos e esse teste é usado para detectar aspectos associados com essa comunicação.

ELETRODO » Ponto de contato no qual a corrente entra ou sai de um circuito.

FOLHA DE DADOS » Folha de referência que contém a documentação do componente, trazendo todos os dados técnicos e especificações físicas. É fornecida pelo fabricante e tem o nome "data sheet" em inglês.

FONTE DE TENSÃO » Fonte de eletricidade para um circuito eletrônico

GPIO » GPIO é a sigla para: General Purpose Input/Output. Essa sigla se refere aos pinos de entrada e saída de um componente eletrônico.

HUMAN COMPUTER INTERACTION (HCI) » Human Computer Interaction ou Interação homem-máquina é um campo de estudo que envolve diversas disciplinas, que tem como foco o desenvolvimento de tecnologia de computação e em particular sua interação com os humanos. Esse campo envolve disciplinas da ciência da computação, engenharia e ciências cognitivas.

IMPRESSÃO 3D » Impressão 3D ou manufatura aditiva é uma técnica de prototipagem digital para criar objetos tridimensionais. Existem várias técnicas de impressão, as quais são abordadas no capítulo 11.

INTERNET DAS COISAS (IOT) » Internet das coisas é um sistema que conecta objetos computacionais, objetos do cotidiano, máquinas digitais, animais e pessoas, desde que eles possuam identificadores únicos (UIDs). Esse sistema é capaz de transferir dados sem precisar de interação humana ou de alguma máquina.

INTERRUPTOR » Trata-se de uma abertura dentro de um circuito que pode ser fechado para permitir a fruição da eletricidade e ativação do circuito.

LEI DE OHM » É a relação entre tensão elétrica, corrente e resistência, expressa pela fórmula V (tensão elétrica) = I (corrente) × R (resistência).

MACHINE LEARNING » Machine learning ou aprendizado de máquina é uma aplicação de inteligência artificial em que o sistema computacional possui a habilidade de aprender automaticamente e sem intervenção humana. O processo é iniciado pela observação de dados, como exemplos e instruções, e o sistema procura padrões nesses dados para tomar as melhores decisões no futuro. O sistema de aprendizado de máquina é capaz de se aprimorar e se adaptar automaticamente.

MAKER » Termo que designa um indivíduo que cria objetos, envolvendo eletrônica e técnicas de fabricação manuais e digitais.

MATERIAIS INTELIGENTES » São materiais que detectam e reagem ao meio ambiente ou aos estímulos de ordem mecânica, térmica, química, elétrica, magnética, entre outras.

MICROPROCESSADOR » Um computador ou microchip que pode ser programado para acessar inputs, guardar uma pequena memória, processar dados e expelir resultados.

OPEN SOURCE » Expressão que se refere a um produto que inclui permissão para usar o código fonte, os documentos de design ou o conteúdo.

PINOS » Em um componente eletrônico, as diversas entradas e saídas também podem ser chamadas de pinos. Eles são espaços físicos no circuito onde podemos conectar sensores e atuadores, entre outros componentes eletrônicos.

PLACA OU PLACA DE CIRCUITO IMPRESSO (PCB) » Placa rígida que contém trilhas condutivas para conectar componentes eletrônicos. Pode ser feita de material rígido ou flexível.

POLÍMERO ELETROATIVO (EAP) » Material que muda de estado, quando submetido a corrente elétrica. Também conhecido como músculo artificial.

PROOF OF CONCEPT » Proof of concept ou prova do conceito, em tradução livre, é a realização de uma ideia ou método, um protótipo para demonstrar a viabilidade de um conceito. Esse é um dos primeiros passos para o desenvolvimento de um produto ou serviço.

PROTOBOARD » Base para conectar componentes eletrônicos sem a necessidade de solda. Também pode ser chamada de breadboard.

RESISTÊNCIA » É a restrição da fruição de elétrons em um circuito.

RESISTÊNCIA VARIÁVEL » Um resistor dentro de um circuito pode ter diferentes valores. Um exemplo é o botão de volume de um rádio.

ROUPA INTELIGENTE » São as roupas que fazem uso de componentes eletrônicos e materiais inteligentes, oferecendo funções extras ao usuário.

SENSORES » Sensores são componentes eletrônicos que medem algum aspecto do mundo físico e convertem essas medidas em tensão elétrica ou resistência. Sensores podem "sentir" luz, movimento, temperatura e toque, por exemplo. É por meio dos sensores que os computadores podem perceber o meio ambiente e interagir com ele.

THRESHOLD » Valor determinado que inicia um processo ou faz um programa ser executado.

TENSÃO ELÉTRICA » A tensão elétrica é a diferença de carga elétrica entre dois pontos. Ela é medida em volts (V).

XBEE » Sistema de comunicação sem fio que utiliza ondas de rádio. É compatível com o Arduino.

FERRAMENTAS
BÁSICAS

COSTURA

- Agulhas
- Alfinetes
- Conjunto de réguas para desenho de padrão
- Fasteners (botões de pressão, botão normal, zíper, velcro, etc.)
- Fita métrica
- Interfaces de espessuras diversas
- Linhas (de diversas cores e espessuras, condutivas e não condutivas)
- Máquina de costura doméstica
- Papel para traçar padrões
- Quadros de bordar
- Régua comprida
- Tecidos (de qualidades diversas, condutivos e não condutivos)
- Tesoura para tecido

ELETRÔNICOS

- Alguma placa microcontrolada (Arduino Uno, LilyPad ou Flora)
- Baterias (1,5 V, 3 V, 3,7 V)
- Carregadores de bateria
- Conjunto de diferentes resistores
- Conjunto de sensores e atuadores diversos (ver capítulos 6 e 7)
- Descascador de fios
- Estanho
- Ferro de soldar com suporte e esponja
- Fios crocodilo
- Leds de diferentes cores (costuráveis ou não)
- Multímetro
- Suporte de bateria

OUTRAS FERRAMENTAS ÚTEIS

- Alicate (os de joalheria são ideais)
- Cabos jump
- Cola
- Cola quente
- Espaguete retrátil
- Fitas
- Pinças
- Pistola de cola quente
- Soprador térmico

ESPAÇO E ITENS DE SEGURANÇA

- Áreas separadas para tecidos e eletrônicos
- Detector de fumaça
- Espaço iluminado e ventilado
- Extintor de incêndio
- Kit de primeiros socorros
- Máscara
- Mesa grande
- Óculos de proteção
- Pia com água por perto
- Suporte com lupa para solda

REFERÊNCIAS

Esta seção é dedicada a quem quer continuar pesquisando o incrível mundo da tecnologia vestível. Aqui você vai encontrar dicas de livros, sites, artistas e designers para se aprofundar um pouco mais.

BIBLIOGRAFIA

ASHBY, M. F., SHERCLIFF, H.; CEBON, D. **Materials:** engineering, science, processing and design. 3. ed. Oxford: Butterworth-Heinemann, 2014.

HU, J.; MONDAL, S. Temperature sensitive shape memory polymers for smart textile applications. In: MATTILA, H. R. **Intelligent textiles and clothing**. 90. ed. Sawston: Woodhead Publishing, 2006, pp. 104-123.

HUGHES, R.; ROWE, M. **The colouring, bronzing and patination of metals**. New York: Watson-Guptill, 1991.

KETTLEY, S. **Design with smart textiles**. New York: Fairchild Books, 2016.

LEE, S. **Fashioning the future:** tomorrow's wardrobe. London: Thames and Hudson, 2005.

MANN, S. Definition of wearable computer. In: International Conference on Wearable Computing, maio 1998, Fairfax. **Wearable computing as means for personal empowerment**. Disponível em: http://wearcam.org/wearcompdef.html. Acesso em: 16 maio 2019.

MCCANN, J.; BRYSON, D. **Smart clothes and wearable technology**. Cambridge: Woodhead Publishing, 2009.

MUTHU, S. S.; GARDETTI, M. A. (orgs.) **Sustainable fibers for fashion industry**. Singapura: Springer, 2016.

QUINN, B. **Techno fashion**. Oxford: Berg, 2002.

RHODES, B. **A brief history of wearable computing**, [ca. 2000]. Disponível em: https://www.media.mit.edu/wearables/lizzy/timeline.html#1268. Acesso em: 16 maio 2019.

RYAN, S. E. What is wearable technology art?. **Intelligent Agent 8.1**, 2008. Disponível em: http://www.intelligentagent.com/archive/ia8_1_SocialFabrics_WearableTechnologyArt_Ryan.pdf. Acesso em: 14 ago. 2019.

SEYMOUR, S. **Fashionable technology:** the intersection of design, fashion, science, and technology. Viena: Springer, 2008.

_____. **Functional aesthetics:** vision in fashionable technology. New York: Springer, 2010.

THORP, E. O. Optimal gambling systems for favorable games. **Review of the International Statistical Institute**, v. 37, p. 273-293, 1969. Disponível em: https://www.jstor.org/stable/1402118. Acesso em: 30 jul. 2019.

WEISER, M. "The computer for the twenty first century". **Scientific American**, set. 1991.

WEISER, M.; BROWN, J. S. Designing calm technology. **PowerGrid journal**, v 1.01, jul. 1996.

PROJETOS

Arduino
www.arduino.cc

Aura Pendant,
de Guto Requena e D3
https://www.loveproject.com.br/

Aura Suit,
de Superflex
https://fuseproject.com/work/superflex/aura-powered-suit/?focus=overview

Calças de ioga inteligentes,
de Wearable X
https://www.wearablex.com/

Carregador de criança inteligente,
de Baby Moon
http://www.babymoon.tech/

Chuic – acessórios impressos em 3D
www.chuic.es

Coral Love Story chapter #1:
getting acquainted, de Kasia Molga,
com produção de Electronudes
https://vimeo.com/211299558

Danit Peleg – roupas impressas em 3D
https://danitpeleg.com

Environment Dress, de Maria
Castellanos e Alberto Valverde
http://mariacastellanos.net/?/=/seccion/projects/entrada/environment_dress_eng

E.S.P., de Machina
www.machina.cc/collections/e-s-p

Hacking the Body 2.0: Flutter/Stutter,
de Kate Sicchio, Camille Baker,
Tara Baoth Mooney e Rebecca Stewart
https://qmro.qmul.ac.uk/xmlui/bitstream/handle/123456789/13498/Stewart%20Hacking%20the%20Body%202016%20Published.pdf?sequence=1&isAllowed=y

Hoodie Scape, de Mika Satomi
www.nerding.at/hoodie-escape

IT Pieces, de Flora Miranda
https://itpieces.floramiranda.com/

Kenzen
www.kenzen.com

Lace Sensor Project, de Anja
Hertenberger e Meg Grant
Lacesensorproject.com

Lazy Burlesque, de Minna Palmqvist e
Ricardo O'Nascimento
http://www.popkalab.com/portfolio#lazy-burlesque

Marlene Dress, de Elektrocouture
www.elektrocouture/marlene

MC10 – adesivos inteligentes
www.mc10inc.com

Mood Swearter, de Sensoree
http://sensoree.com/artifacts/ger-mood-sweater/

Orchestra Scarf, de BLESS, com
engenharia de POPKALAB
http://www.popkalab.com/orchestra-scarf

Pro Glove
www.proglove.com

Spider Dress, de Anouk Wipprecht
http://www.anoukwipprecht.nl/gallery

The Human Sensor, de Kasia Molga
http://www.kasiamolga.net/

Vocalize me, de Geneviève Favre Petroff
http://genevievefavre.com/vocalize-me-2018.html

Tremor, de Melissa Coleman e Leonie
Smelt
http://melissacoleman.nl/tremor

Transfer condutivo
https://www.conductivetransfers.com/

Wearable Solar Shirt, de Pauline van
Dongen
http://www.paulinevandongen.nl/project/wearable-solar-shirt/

MATERIAIS

3M – espuma condutiva (em inglês)
https://www.3m.com/3M/en_US/company-us/all-3m-products/~/3M-Electrically-Conductive-Gasket-Tape-MSG6100F/?N=5002385+3290651548&rt=rud

Ajin Electron – tecido condutivo, fita condutiva e espuma condutiva (em inglês)
http://ajinelectron.co.kr/

Bare conductive – tinta condutiva (em inglês)
https://www.bareconductive.com/

Bekaert – tecidos e linhas condutivas (em inglês)
https://www.bekaert.com/en/products/basic-materials

Elektrisola – fios de cobre (em inglês)
www.elektrisola.com

Elitex® – linha condutiva (em inglês)
https://www.imbut.de/en/special-threads#conductive-threads-elitex

Karl Grimm – linha condutiva (em inglês)
http://www.karl-grimm.com/

Lame Lifesaver | linhas condutivas (em inglês)
http://conductive-thread.ca/thread.html

Less EMF – tecidos e linhas condutivas (em inglês)
www.lessemf.com

Metal Clad Fibers – linhas condutivas (em inglês)
http://www.metalcladfibers.com/

Noble Biomaterials – tecidos antimicrobianos e condutivos (em inglês)
http://noblebiomaterials.com/

Shildex Trading – tecidos e linhas condutivas (em inglês)
https://www.shieldextrading.net/

Textura Trading Company – linha condutiva de metal (em inglês)
http://www.texturatrading.com/yarn.html#Steel

Volt Smart Yarns – linhas condutivas e termocrômicas (em inglês)
http://voltsmartyarns.com/

ELETRÔNICOS

Adafruit
Venda de eletrônicos e tutoriais (em inglês)
www.adafruit.com

Digi
Fabricante de componentes eletrônicos
www.digi.com

Filipe Flop
Venda de eletrônicos e fórum
https://www.filipeflop.com

Instructables
Tutoriais (em inglês)
www.instructables.com

Mamute Eletrônica
Venda de eletrônicos
http://www.mamuteeletronica.com.br/home

Sparkfun
Venda de eletrônicos e tutoriais (em inglês)
sparkfun.com

Tato
Venda de eletrônicos
http://www.tato.ind.br

IMPRESSÃO 3D

Arquivos digitais
www.thinginverse.com

Impressoras FDM
makerbot.com
www.prusa3d.com
www.ultimaker.com

Impressoras SLA
www.3dsystems.com

CONFERÊNCIAS, SIMPÓSIOS E PUBLICAÇÕES ESPECIALIZADAS

CHI – Computer Human Interaction Conference
https://chi2019.acm.org/

Digital Creativity – Multidisciplinary Journal
https://www.tandfonline.com/action/aboutThisJournal?journalCode=ndcr20#.VMP666h_hl

E-textile summer camp
Encontro de especialistas
http://etextile-summercamp.org

ISWC – International Symposium on Wearable Computing
http://iswc.net

The Design Journal
https://www.tandfonline.com/loi/rfdj20#.Vr50UVJW4wl

The Journal of the Textile Institute
http://texi.org/publicationsjti.asp

TEI – International Tangible, Embedded and Embodied Interaction Conference
http://www.tei-conf.org

Textile – The journal of Cloth and Culture
http://www.tandfonline.com/loi/rftx20#.Vr50sFJW4wl

Textile Research Journal
https://journals.sagepub.com/home/trj

Tiree Techwave
Encontro de entusiastas, Escócia
https://tireetechwave.org/

Ubicomp
Importante conferência multidisciplinar sobre computação ubíqua
http://ubicomp.org

INSTITUIÇÕES E CENTROS DE PESQUISA

Arcintex – Architeture, Interaction, Design & Smart Textile Research Network
http://arcintex.hb.se

CES – Consumer Technology Association
https://www.cta.tech/

Eyebeam art + technology center
www.eyebeam.org

Holst Centre
https://www.holstcentre.com/

MIT Media Lab – Massachusetts Institute of Technology
http://www.media.mit.edu

Softlab
http://sliperiet.umu.se/en

TIO3 (em holandês)
http://tio3.be

TITV das Institut für Spezialtextilien und flexible Materialen (em alemão)
http://www.titv-greiz.de/

Waag Society
http://waag.org/en

Wear Sustain
https://wearsustain.eu/

CURSOS E TUTORIAIS

Adafruit
https://learn.adafruit.com/

An internet of soft things
https://aninternetofsoftthings.com/categories/make/

Crafting Material Interfaces
http://courses.media.mit.edu/2011fall/mass62/index.html

eTextile Lounge
https://www.youtube.com/channel/UCRfYpxm10B2plhkC5g597lw

Fabricademy
https://textile-academy.org/

Instructables
https://www.instructables.com/

Kobakant – How to get what you want
https://www.kobakant.at/DIY/

Open Materials
http://openmaterials.org

Sparkfun
https://learn.sparkfun.com/

The weaveshed
http://www.theweaveshed.org/

PROGRAMAS DE COMPUTADOR

Autocad
Desenho CAD
https://www.autodesk.com.br/products

Blender
Modelagem 3D
www.blender.org

Clo 3D
Desenho de padrão de roupa e simulação digital
www.clo3d.com

Corel Draw
Desenho vetorial
www.coreldraw.com

Fusion 360
Modelagem 3D
https://www.autodesk.com/products/fusion-360/overview

Illustrator
Desenho vetorial
https://www.adobe.com/br/products/illustrator/free-trial-download.html

Maya
Modelagem e animação 3D
www.autodesk.com/products/maya/overview

OpenSCAD
Modelagem 3D
http://www.openscad.org/

Pointcarré
Programas para máquinas de tricô e de tear
https://www.pointcarre.com/

ReCap360
Fotogrametria
https://www.autodesk.com/products/recap/overview

Rhinoceros 3D
Modelagem 3D
https://www.rhino3d.com/

Solidworks
Modelagem 3D
https://www.solidworks.com/

Valentina
Desenho de padrão de roupa – código aberto
https://valentinaproject.bitbucket.io/

Vectorworks
Desenho CAD
https://www.vectorworks.net/en

Wilcom
Programas para máquinas de bordar digitais
www.wilcom.com

ÍNDICE

ABS (acrilonitrila butadieno estireno) 152
Alto-falantes 117
Apresentação 8
Aproximação 103
Arduino 88
Arduino Lilypad 91
Artes 33
Atuadores 114

Básico de programação 94
Baterias lítio-íon recarregáveis 134
Batimento cardíaco e outros 103
Beauty technology, 161
Bibliografia 191
Biobaterias 137
Bioplástico 65
Blink 94
Bluetooth 125
Bordado digital 167
Bordado manual 165
Buzzers 116

Calor e frio 123
Câmeras de profundidade 142
Circuito com materiais flexíveis 82
Circuitos bordados 162
Circuitos de tricô 172
Circuitos eletrônicos 72
Circuitos flexíveis 162
Circuitos impressos 172
Clo 3D 143
Como desenvolver um projeto vestível 71

Como preparar um modelo 3D para impressão 140
Como programar? 92
Como usar um multímetro 79
Como utilizar este livro 12
Como utilizar os dados 110
Como utilizar um sensor 96
Conexão em série × conexão em paralelo 137
Conferências, simpósios e publicações especializadas 194
Constrain 113
Continuidade 79
Cor 106
Corte a laser 158
Cursos e tutoriais 195

Definição do problema 176
Definições, tecnologias e usos 15
Deixe a mente correr solta 178
Desenho paramétrico 144
Digitalizando corpos 141
Do que você vai precisar? 13

EL paper 62
EL wire 61
Eletrônicos 193
EmbroideryStudio 168
Energia solar 136
Escaneamento com luz estruturada 142
ESP 8266 127
Esporte 31
Extrusão de material 149

Fashiontech Canvas Model: um guia prático 176
Ferramentas básicas 13, 188
Ferramentas digitais para vestíveis 138
Fibra óptica 62
Fita condutiva 60
Flex 100, 101
Flora 92
Foco no usuário 177
Fotocromáticos 64
Fotogrametria 142

Glossário 182

Hidrocromáticos 64

IDE do Arduino 95
Impressão 3D 147
Indústria 44
Instalar o software no Mac OS X 93
Instalar o software no Windows 92
Instituições e centros de pesquisa 194
Interruptor permanente 85
Interruptor temporário 84
Interruptores – interação básica 84
Introdução 10

Jateamento de material 151

Kombucha 68

Led throwies 75
Led RGB endereçável 115
Led simples 114
Lei de Ohm 76
Linha condutiva 57
Luz 114

Madeira (MDF) 155
Mapping 112
Materiais 55

Materiais biológicos 65
Materiais condutivos 57
Materiais cromáticos 64
Materiais e referência 180
Materiais eletroluminescentes 116
Materiais luminosos 61
Materiais para tecnologia vestível 56
Metal em forma de filamento 155
Micélio 69
Microcontroladores 88
Moda 46
Montagem de circuito 81
Motores DC 121
Motores de vibração 119
Motores servo 120
Movimento 118
Movimento, orientação e localização 102
Multidisciplinaridade 20

Nota do editor 6
Nylon (poliamida) 155

O que é wearable technology? 16
Outras considerações 180
Outras formas de gerar eletricidade 137
Outros materiais de base bio 69

Parede de desejos de Kobakant 179
Patch de calor 123
PET (polietileno tereftalato) 152
Pilhas alcalinas & Ni-MH packs 134
Pilhas, baterias e outras maneiras de
   alimentar projetos vestíveis 132
Pilhas-moeda 136
PLA (ácido poliático) 152
PLA condutivo 155
Placa de peltier 123
Pointcarré 144
Potenciômetro 99
Power bank 135

Pressão 101
Programas 2D 138
Programas 3D 139
Programas de computador 195
Programas de desenho de padrões e simulação 3D 143
Projeto relacionado 69, 100, 104, 107, 145, 167, 175
Prototipagem 180
PVA (álcool polivinílico) 152

Realidade aumentada 175
Referências 190
Resistência 79
Resistores 77

Saúde e bem-estar 23
Sensores 98
Sistemas de fusão em pó (polímeros) 151
Smoothing 113
Sobre o vestir 21
Soft robotics 160
Som 116
Sumário 4
Sustentabilidade e saúde 20

Technocraft: fabricação analógica e
    digital para vestíveis 146
Tecido condutivo 58
Temperatura 107
Tensão elétrica 80
Termobaterias 137
Termocromáticos 64
Thresholds 111
Tinta condutiva 60
Tipos de filamento 152
Tipos de impressoras 149
Tipos de sensores 99
TPE flexível 155
Tutorial: bioplástico à base de gelatina 67
Tutorial: bolsa com sensor de luminosidade 113
Tutorial: bordado sensível ao toque 159

Tutorial: bordado eletrônico 83
Tutorial: chapéu com som 118
Tutorial: chapéu com som controlado via Bluetooth 131
Tutorial: colar com leds 86
Tutorial: gola que infla 160
Tutorial: luva para bike 85
Tutorial: máscara com motor 123
Tutorial: potenciômetro 109
Tutorial: tatuagem eletrônica 163

Usos e aplicações 22

Valentina 144
VAT Polimerização 150
Ventiladores 122
Vestíveis e Internet das Coisas (IoT) 124

XBee 126

MISTO
Papel produzido a partir
de fontes responsáveis
FSC® C122682